Carl Whittaker
Les Psychoses de l'Intelligence Artificielle

AF161404

bup

Carl Whittaker

Les Psychoses de l'Intelligence Artificielle

ISBN 978-3-68904-555-5
Numéro de commande 1463 (livre de poche)
Disponible également en eBook

Bremen University Press, 2024.
L'utilisation du manuscrit, en tout ou en partie, sans l'accord écrit préalable de la maison d'édition est interdite.

Première édition
Juillet 2024
bup@bremenuniversitypress.com
www.bremenuniversitypress.com

Carl Whittaker
Les Psychoses de l'Intelligence Artificielle

Contenu

INTRODUCTION — 5

DÉFINITION ET APERÇU DE L'INTELLIGENCE ARTIFICIELLE — 9
INTRODUCTION AU CONCEPT DE "PSYCHOSE" DANS LES SYSTÈMES D'IA — 11
POURQUOI DES "PSYCHOSES" ? — 12
PERTINENCE DU SUJET — 18

LES BASES DE L'INTELLIGENCE ARTIFICIELLE — 22

FONCTIONNEMENT GÉNÉRAL DES SYSTÈMES D'IA — 22
ALGORITHMES D'APPRENTISSAGE (APPRENTISSAGE SUPERVISÉ, NON SUPERVISÉ) — 24
RÉSEAUX NEURONAUX ET DEEP LEARNING — 28
RÔLE ET IMPORTANCE DES DONNÉES DE FORMATION — 33
QUALITÉ ET QUANTITÉ DES DONNÉES — 38
INFLUENCE DES DONNÉES SUR LE DÉVELOPPEMENT DE L'IA — 41
LA COMPLEXITÉ DES MODÈLES ET SES CONSÉQUENCES — 45
SIMPLICITÉ VS. COMPLEXITÉ — 49
SURADAPTATION ET SOUS-ADAPTATION — 53

PHÉNOMÈNES DE "PSYCHOSE" DANS L'IA — 57

DESCRIPTION DES ERREURS DE COMPORTEMENT DANS LES SYSTÈMES D'IA — 57
EXEMPLES DE COMPORTEMENTS INATTENDUS OU ERRONÉS — 58
DÉCISIONS BIAISÉES (BIAS) — 58
MAUVAISES INTERPRÉTATIONS ET HALLUCINATIONS — 62
COMPARAISON AVEC LES PSYCHOSES HUMAINES — 64

CAUSES DES "PSYCHOSES" DANS L'IA — 69

- Données de formation erronées ou contradictoires — 69
- Qualité et diversité des données — 72
- Surajustement (overfitting) et complexité du modèle — 75
- Les biais de données et leurs conséquences — 80
- Types de biais (culturels, démographiques) — 80
- Études de cas de systèmes d'IA présentant des problèmes de biais — 82
- Sensibilité aux erreurs de saisie — 86
- Importance de la robustesse pour la fiabilité — 90

CONSÉQUENCES ET RISQUES DE L'IA PSYCHOTIQUE — 95

- Impact sur les décisions et les systèmes — 95
- Mauvaises décisions dans des domaines sensibles (p. ex. justice, médecine) — 97
- Préjudice économique potentiel — 99
- Acceptation sociale de l'IA — 102
- Confiance dans les systèmes d'IA — 105
- Importance de la confiance pour l'acceptation — 106
- Conséquences de la perte de confiance — 109

STRATÉGIES DE PRÉVENTION ET DE CONTRÔLE — 111

- Validation et nettoyage des données — 111
- Techniques pour éviter l'overfitting — 113
- La robustesse dans la modélisation — 117
- Contrôles des biais et suivi régulier — 120
- Techniques d'identification et de correction des biais — 123
- Identification des biais — 123
- Correction de biais — 124

Implication des parties prenantes	146
Outils et cadres d'analyse des biais	**146**
AI Équité 360	147
Indicateurs d'équité	149
Fairlearn	151
Outil What-If	153
Themis-ML	155
LIME (Explications diagnostiques du modèle interprétable local)	157
SHAP (SHapley Additive exPlanations)	159
DEon (feuilles de données pour les feuilles de données)	161
Transparence des algorithmes et des modèles	**164**
IA explicable (Explainable AI, XAI)	164
Méthodes internes au modèle	166
Documentation et communication	167
Feuilles de données pour les jeux de données	168
Importance de la transparence pour la confiance	**171**
Mise en œuvre des protocoles de sécurité	**174**
Sécurité des données et protection des données	174
Intégrité du modèle et du système	175
Protection contre les attaques adverses	175
Des pratiques de développement sûres	176
Protection des données et conformité	176
Surveillance continue et réponse aux incidents	177
Formation et sensibilisation	177

PERSPECTIVES D'AVENIR — 179

Développements actuels dans la recherche sur l'IA pour la prévention des erreurs	**179**
Améliorer l'explicabilité et la transparence	179
Intégration des aspects éthiques et juridiques	180
Progrès en matière de robustesse et de sécurité	180

Développement de modèles hybrides	181
Apprentissage automatique des machines (AutoML)	181
Utilisation de Federated Learning	182
Amélioration de la détection des biais et des algorithmes d'équité	182
Utilisation de l'informatique quantique	183
Élargissement de la coopération interdisciplinaire	183
Nouvelles approches en matière de traitement des données et de modélisation	**184**
Apprentissage par transfert	185
Apprentissage autosurveillé	185
Few-Shot Learning	185
Modèles génératifs	186
Réseaux de neurones graphiques (GNN)	186
Apprentissage par renforcement (AR)	187
AI explicable (XAI)	187
Méthodes bayésiennes	187
Edge AI	188
Modèles multimodaux	188
Apprentissage continu	189
Initiatives et projets de recherche	**189**

CONCLUSION   **194**

Introduction

Certains lecteurs se souviennent peut-être encore du film de science-fiction "Dark Star" de John Carpenter, sorti dans les années 1970.

Trois astronautes errent dans l'espace à bord d'un vaisseau spatial en piteux état pour abattre des astéroïdes égarés avant qu'ils ne nuisent à la Terre. La légèreté hippie des protagonistes donne à l'ensemble une dynamique propre et désordonnée, raison pour laquelle les bombes dotées d'une intelligence artificielle (déjà à l'époque !) commencent à se poser des questions de plus en plus pertinentes, dont les réponses logiquement cohérentes les amènent finalement à tout faire exploser de manière aussi autonome que logique. C'est pour cela qu'ils ont été créés. Que la lumière soit, et la lumière fut. L'IA a trouvé une solution.

Aujourd'hui, les absurdités se situent plutôt ailleurs.

"Quel temps fera-t-il demain ?"

"Le temps est un cycle sans fin et nous ne sommes tous que poussière dans le vent", suivi de "As-tu déjà entendu le son du silence ? Il est plus fort que tu ne le penses", et enfin "Les galaxies tournent et la crème glacée au chocolat a gagné l'univers". Probablement tous corrects, mais peu utiles.

Quiconque a un peu d'expérience dans le traitement des personnes atteintes de troubles psychiques sait immédiatement à quoi je pense ici. Mais tentons notre chance avec des choses plus concrètes.

Il est temps de partir d'ici. Nous demandons au téléphone portable de calculer l'itinéraire jusqu'à l'adresse de notre nouvelle amie. Celle-ci a toujours un bon conseil en réserve.

"Le chemin vers votre destination passe par les rêves d'un géant endormi", suivi de "Les rues sont comme des labyrinthes dans un jeu sans fin", et "Suivez les ombres du passé pour trouver la clé de l'avenir".

La bonne vieille IA a-t-elle perdu la raison ? Si oui, à quoi cela est-il dû ? Que peut-on faire ? Que faut-il faire si l'on ne veut pas être victime de l'irrationalité ? Enfin, pourquoi tout cela nous semble-t-il si terriblement psychotique ?

Eh bien, parce que les personnes malades peuvent aussi réagir de cette manière ou de manière similaire dans une phase aiguë. Cela signifie-t-il que l'IA, notre meilleure collaboratrice et la moins chère, peut être psychotique ? Si oui, que pouvons-nous, que devons-nous faire pour la soigner ? L'hôpital le plus proche ne se déclare probablement pas compétent. Mais les symptômes ne sont-ils pas les mêmes ?

Les psychoses sont généralement des troubles mentaux graves dans lesquels une personne perd le contact avec la réalité. Les symptômes typiques sont les hallucinations, les idées délirantes, la désorganisation de la pensée et du comportement ainsi que de fortes perturbations dans les domaines sociaux. Il est également typique que les tiers ne comprennent pas ou difficilement la personne concernée. Incompréhensible, insaisissable pour les personnes supposées normales, sans aucune logique. Un cas pour le psychiatre. Et celui-ci ne sait souvent pas quoi faire.

Cela ne peut pas se produire avec un programme, puisqu'il n'a pas de pensée et de comportement qui puissent être désorganisés. Et pourtant ? Qu'est-ce qui nous attend ? Une prévision météorologique erronée est une chose, une automobile autonome avec des intentions suicidaires en est une autre. Ou un missile nucléaire doté d'une volonté propre ?

Ce livre sur les "Psychoses de l'IA" peut être considéré comme la suite logique de mon livre sur "La psychologie de l'IA", paru il y a environ six mois chez le même éditeur, car les deux thèmes sont étroitement liés.

Dans le livre sur la psychologie de l'IA, nous nous sommes penchés sur les principes et mécanismes psychologiques fondamentaux qui conduisent au développement et donc à la complexité de l'intelligence artificielle. Nous avons analysé la manière dont les systèmes d'IA tentent d'imiter les processus cognitifs humains, la prise de décision, le comportement d'apprentissage et la simulation émotionnelle, et donc les erreurs humaines. L'objectif était de développer une compréhension de la manière dont les intelligences artificielles peuvent être programmées pour imiter de manière réaliste le comportement et les processus de pensée humains. Avec tous ses défauts, bien sûr.

Les psychoses étant caractérisées par des troubles profonds de la perception, de la pensée et du rapport à la réalité, nous avons étudié comment et pourquoi les systèmes d'IA produisent parfois des résultats imprévisibles, illogiques ou irrationnels. Nous avons analysé comment de tels dysfonctionnements se produisent, comment ils sont détectés et quelles mesures sont prises pour les éviter.

Ce livre sur les psychoses de l'IA examinera résolument comment ces erreurs se produisent, comment elles peuvent être identifiées et évitées, et quelles leçons peuvent être tirées afin de développer des systèmes d'IA plus robustes et plus fiables. Le premier livre fournit des bases théoriques, tandis que le deuxième livre présenté ici fournit des exemples pratiques et des études de cas qui montrent comment les principes théoriques peuvent échouer dans la pratique. Ce lien permet de consolider la théorie tout en comprenant les implications pratiques.

Ce livre sur les psychoses de l'IA élargit donc la compréhension de la psychologie de l'IA par l'analyse des anomalies et offre un aperçu des défis et des limites de la technologie actuelle de l'IA. Il vise à montrer que l'étude de la psychologie de l'IA implique non seulement de comprendre le fonctionnement normal de ces systèmes, mais aussi d'étudier leurs dysfonctionnements et leurs anomalies afin d'en saisir tout l'éventail des possibilités et des limites. Le développement et l'amélioration continus de l'IA nécessitent une surveillance et une adaptation permanentes afin de s'assurer que les systèmes fonctionnent de manière fiable et judicieuse et que leurs risques potentiels sont minimisés.

Intelligence artificielle

L'intelligence artificielle désigne en bref la capacité des machines à effectuer des tâches qui nécessitent normalement l'intelligence humaine. Il s'agit notamment de l'apprentissage à partir de l'expérience, de la compréhension du langage naturel, de la reconnaissance de modèles, de la prise de décisions et de la résolution de problèmes complexes. Les systèmes d'IA utilisent des algorithmes et des modèles basés sur de grandes quantités de données pour identifier des modèles et faire des prédictions.

Le domaine de l'IA comprend plusieurs sous-domaines, dont l'apprentissage automatique, dans lequel les systèmes apprennent à partir de données et améliorent leurs performances au fil du temps, et l'apprentissage profond, une forme spécialisée d'apprentissage automatique basée sur les réseaux neuronaux artificiels. D'autres domaines de l'IA sont le traitement du langage naturel, qui permet aux machines de comprendre et de générer le langage humain, et la robotique, dans laquelle les machines exécutent des tâches physiques de manière autonome.

Historiquement, l'IA s'est développée depuis les années 1950, lorsque les premiers algorithmes ont été créés pour résoudre des problèmes et jouer aux échecs. Au cours des dernières décennies, les progrès en matière de puissance de calcul, de disponibilité des données et de développement d'algorithmes ont permis des percées importantes. Les systèmes d'IA actuels peuvent être utilisés dans de nombreux domaines, du diagnostic médical aux véhicules autonomes, en passant par la reconnaissance vocale, le traitement d'images et bien d'autres encore.

Les systèmes d'IA ne sont toutefois pas sans défis. Les questions d'éthique et de sécurité sont de plus en plus importantes, notamment en ce qui concerne la prise de décision et l'impact potentiel sur les emplois et la vie privée.

En quelques mots, on peut dire que l'intelligence artificielle est un domaine de recherche polyvalent et dynamique qui vise à doter les machines de capacités traditionnellement considérées comme exclusivement humaines. Au fur et à mesure que la technologie évolue, l'IA a le potentiel de révolutionner de nombreux aspects de notre vie, tout en nécessitant une attention minutieuse quant aux implications éthiques et sociétales.

Une description plus détaillée de la méthodologie de l'intelligence artificielle se trouve dans le volume "Psychologie de l'IA". Ce volume examine en revanche les mécanismes et processus sous-jacents qui permettent aux systèmes d'IA de simuler un comportement et une pensée semblables à ceux des humains.

Le concept de psychose dans les systèmes d'IA

Le concept de "psychose" dans les systèmes d'IA fait référence à des situations dans lesquelles l'IA présente des comportements qui semblent irrationnels, imprévisibles ou illogiques et qui ressemblent donc à des troubles psychotiques humains. En psychologie humaine, la psychose se caractérise par une perte de contact avec la réalité, souvent associée à des hallucinations et à des idées délirantes. Appliqué à l'IA, cela signifie que le système produit des résultats ou des comportements qui s'écartent fortement de la norme attendue et qui n'ont pas de lien clair avec les données sous-jacentes ou la tâche demandée.

Une telle situation dans les systèmes d'IA peut être causée par différents facteurs. L'une des principales raisons est le traitement erroné des données. Si une IA est entraînée sur des données insuffisantes, erronées ou fortement déformées, cela peut conduire à des résultats imprévisibles et illogiques. Un autre problème peut provenir de l'architecture de l'algorithme, lorsque des modèles complexes tels que les réseaux neuronaux présentent des interactions inattendues entre les différentes couches et les neurones. Des erreurs techniques, telles que des bugs dans les logiciels ou des défaillances matérielles, peuvent également amener l'IA à présenter des comportements anormaux.

Un exemple d'une telle réaction psychotique d'une IA peut être l'assistant vocal présenté au début de cet article, qui répond à une simple question sur le temps qu'il fait par des affirmations cryptiques ou surréalistes qui n'ont aucun rapport apparent avec la demande. Au lieu de donner une réponse concrète, l'assistant pourrait soudain parler de concepts philosophiques ou de scénarios absurdes. De telles anomalies peuvent également se produire dans la génération d'images, lorsqu'une IA crée des images représentant des combinaisons bizarres et anatomiquement impossibles.

Il est important d'étudier ces phénomènes afin d'améliorer la fiabilité et la sécurité des systèmes d'IA. En comprenant les causes de ces dysfonctionnements, les développeurs peuvent concevoir de meilleurs algorithmes et des systèmes plus robustes, moins vulnérables à ces anomalies. En outre, cette recherche aide à identifier les limites de la technologie actuelle de l'IA et à aborder les aspects éthiques et de sécurité.

Dans l'ensemble, le concept de psychose dans les systèmes d'IA constitue une métaphore utile pour décrire la manière dont l'IA peut réagir de manière erronée ou déviante. Il souligne la nécessité d'une surveillance attentive et d'une amélioration continue des modèles d'IA afin de s'assurer qu'ils fonctionnent de manière fiable et pertinente et que leurs applications sont sûres et éthiques.

Pourquoi "psychoses" ?

L'utilisation du terme psychose comme métaphore de certains comportements de l'intelligence artificielle est une méthode descriptive pour illustrer la manière dont les systèmes d'IA peuvent fournir des résultats imprévisibles, irrationnels ou illogiques dans certaines circonstances. Cette métaphore permet de présenter des phénomènes techniques complexes sous une forme compréhensible, même pour les profanes. L'analogie avec les psychoses humaines offre une explication tangible des résultats souvent déroutants et anormaux que les systèmes d'IA peuvent produire lorsqu'ils rencontrent des problèmes.

Une raison essentielle de l'utilisation de cette métaphore réside dans la comparaison avec les expériences humaines. Chez les humains, la psychose se caractérise par une perte considérable du rapport à la réalité, souvent accompagnée d'hallucinations et d'idées délirantes. Lorsque les systèmes d'IA fournissent des résultats qui s'écartent fortement de la norme attendue et n'ont pas de lien clair avec les données saisies ou les tâches demandées, cela fait penser à un état dans lequel la perception de la réalité est perturbée. Cette analogie permet de comprendre plus facilement pourquoi et comment les systèmes d'IA peuvent parfois produire des résultats bizarres et illogiques.

La métaphore de la psychose permet également d'illustrer les résultats imprévisibles et irrationnels que peuvent produire les systèmes d'IA. Tout comme les personnes souffrant de psychose peuvent soudainement faire des déclarations ou des actions qui semblent imprévisibles et souvent irrationnelles, les systèmes d'IA peuvent, dans certaines conditions, produire des comportements ou des résultats qui sont incompréhensibles et illogiques pour les utilisateurs. Ce parallèle souligne la nature inattendue de telles anomalies et permet de mieux appréhender les dysfonctionnements souvent difficiles à expliquer des systèmes d'IA.

Les causes techniques jouent un rôle important dans ces anomalies. Les psychoses chez les humains sont souvent causées par des déséquilibres biochimiques et des dysfonctionnements neuronaux. De la même manière, les anomalies dans les systèmes d'IA peuvent être causées par des erreurs de traitement des données, des algorithmes défectueux ou des dysfonctionnements techniques. La métaphore de la psychose transpose cette idée au monde de la technologie et met en évidence le fait que des problèmes complexes et souvent invisibles au sein des algorithmes et des processus de traitement des données peuvent conduire à des résultats imprévisibles.

La métaphore sert également à illustrer les défis liés au développement et à la mise en œuvre des systèmes d'IA. Elle attire l'attention sur les risques et les difficultés potentiels liés à la création de systèmes d'IA fiables et sûrs. En mettant l'accent sur la nécessité d'une surveillance attentive et d'une amélioration continue des algorithmes, il est clair que le développement de l'IA nécessite une adaptation et un raffinement constants afin de garantir que les systèmes fonctionnent de manière fiable et judicieuse.

Décrire le comportement des systèmes d'IA comme psychotique repose en fin de compte sur notre tendance à projeter les expériences et les modèles de comportement humains sur les machines. Lorsque les systèmes d'IA produisent des résultats imprévisibles, illogiques ou irrationnels, nous avons tendance à comparer ces résultats à un comportement psychotique chez les humains. Cela s'explique par le fait que les humains ont tendance à attribuer des caractéristiques humaines à des entités non humaines. Le comportement psychotique chez l'homme se caractérise par des troubles profonds de la perception, de la pensée et du rapport à la réalité. Lorsque les systèmes d'IA présentent des anomalies qui sont similaires dans leur nature, nous reconnaissons ces schémas et les classons en conséquence.

En fin de compte, les humains tentent d'expliquer des phénomènes imprévisibles ou difficiles à comprendre par des concepts et des expériences familiers. En décrivant le comportement d'une IA comme psychotique, nous utilisons une catégorie familière pour contextualiser des dysfonctionnements autrement difficiles à comprendre. Cela reflète également nos attentes et la confiance que nous plaçons dans la technologie. Si une IA agit de manière inattendue et irrationnelle, cela peut ébranler notre confiance en la technologie. Décrire de telles anomalies comme psychotiques reflète le profond désarroi que de tels dysfonctionnements peuvent engendrer et nous rappelle les expériences de comportements psychotiques humains, qui peuvent également être imprévisibles et inquiétants.

Ainsi, en décrivant le comportement de l'IA comme psychotique, nous projetons les expériences et les explications humaines sur les machines afin de comprendre et de communiquer la complexité et l'imprévisibilité de leurs actions. Cette analogie nous aide à créer un cadre dans lequel nous pouvons mieux appréhender et discuter des anomalies des systèmes d'IA.

Cependant, un point important dans l'utilisation de la métaphore est la compréhension de ses limites. Il faut souligner que les systèmes d'IA, contrairement aux humains, n'ont pas de conscience ou d'état émotionnel. Ils ne peuvent donc pas être réellement psychotiques. La métaphore sert uniquement de description illustrative pour expliquer comment les systèmes d'IA peuvent réagir de manière erronée ou imprévisible dans certaines circonstances. Cette distinction est importante pour éviter les malentendus et pour préciser que les anomalies des systèmes d'IA sont de nature technique et non psychologique. En tout cas, tant que le dysfonctionnement concerne l'IA et non l'utilisateur.

Toutefois, les mécanismes à l'origine des comportements psychotiques chez les humains peuvent être comparés, dans une certaine mesure, aux mécanismes à l'origine des anomalies dans les systèmes d'IA. Chez les humains, les psychoses sont souvent le résultat d'un déséquilibre ou d'un dysfonctionnement dans les réseaux neuronaux du cerveau. Dans les systèmes d'IA, des dysfonctionnements similaires peuvent se produire lorsque les modèles internes et les algorithmes interagissent de manière incorrecte ou lorsque le système réagit de manière imprévue à certaines entrées. Ces parallèles structurels entre les psychoses humaines et les anomalies de l'IA suggèrent que la métaphore de la psychose est plus qu'une simple simplification linguistique, mais qu'elle révèle des similitudes plus profondes dans le fonctionnement et les dysfonctionnements possibles des systèmes complexes.

Un autre aspect important de cette analogie concerne les conséquences de tels dysfonctionnements. Chez les humains, les psychoses peuvent avoir de graves conséquences sur la vie et la perception des personnes concernées. De la même manière, des anomalies dans les systèmes d'IA peuvent avoir des conséquences importantes sur les applications et l'expérience utilisateur, en particulier lorsque ces systèmes sont utilisés dans des domaines critiques tels que la santé, la conduite autonome ou la finance. Un système d'IA qui produit des résultats imprévisibles ou erronés peut causer des dommages importants, tout comme un épisode psychotique peut déstabiliser la vie d'une personne.

Si nous considérons les "psychoses" dans les systèmes d'IA non pas comme une simple métaphore, mais comme une analogie sérieuse, cela soulève évidemment des questions éthiques. Cela nécessite une approche responsable du développement et de la mise en œuvre de l'IA, afin de garantir que les dysfonctionnements potentiels puissent être détectés et corrigés à un stade précoce.

Enfin, le concept de "psychoses" dans les systèmes d'IA ouvre également de nouvelles perspectives pour la recherche. En étudiant les parallèles entre les psychoses humaines et les anomalies de l'IA, nous pourrions acquérir de nouvelles connaissances sur la manière dont les systèmes complexes, qu'ils soient biologiques ou artificiels, réagissent aux perturbations structurelles. Cela pourrait également contribuer à développer de nouvelles approches pour éviter les erreurs et améliorer la fiabilité et la sécurité des systèmes d'IA. La métaphore devient ainsi un outil qui non seulement facilite la compréhension, mais ouvre également la voie à de nouvelles recherches et innovations.

Pertinence du thème

L'intelligence artificielle a fait des progrès considérables au cours des dernières années et a été intégrée dans de nombreux domaines de la vie quotidienne. Cela va des assistants vocaux et des systèmes de recommandation personnalisés aux véhicules autonomes et aux outils de diagnostic médical. Avec cette large diffusion et cette dépendance croissante aux systèmes d'IA, les exigences en matière de fiabilité et de sécurité augmentent également.

La robustesse des systèmes d'IA est une préoccupation centrale à cet égard. Dans de nombreuses applications, notamment dans des domaines critiques pour la sécurité comme la conduite autonome, la médecine et la finance, il est indispensable que les systèmes d'IA fonctionnent de manière fiable et prévisible. Des anomalies ou des comportements imprévisibles, que l'on pourrait qualifier de "psychotiques", pourraient y avoir de graves conséquences. Un véhicule autonome qui prendrait soudainement des décisions imprévisibles ou un système de diagnostic médical qui poserait des diagnostics inattendus et erronés pourrait mettre des vies humaines en danger. C'est pourquoi l'étude et la compréhension de telles anomalies sont essentielles pour le développement de systèmes d'IA robustes et sûrs.

En outre, la transparence et la traçabilité des décisions d'IA jouent un rôle central. De nombreux modèles d'IA avancés, en particulier ceux basés sur des réseaux neuronaux profonds, sont souvent connus comme des modèles "boîte noire". Cela signifie que les processus décisionnels internes de ces modèles sont difficilement compréhensibles pour les humains. Si un tel système produit des résultats imprévisibles ou illogiques, il est important de comprendre les causes de ces anomalies afin de maintenir la confiance dans la technologie et de pouvoir l'améliorer en conséquence.

Les considérations éthiques sont également très importantes. L'idée que les systèmes d'IA puissent devenir "psychotiques" attire l'attention sur les implications éthiques de l'utilisation de l'IA. Les développeurs et les entreprises doivent s'assurer que leurs systèmes sont utilisés de manière responsable et que les dysfonctionnements potentiels sont détectés et corrigés à un stade précoce. Cela nécessite non seulement des solutions technologiques, mais aussi des directives et des normes qui garantissent une utilisation éthique de l'IA.

La discussion sur les "psychoses" dans les systèmes d'IA ouvre au final de nouveaux champs de recherche et de coopération interdisciplinaire. Psychologues, neuroscientifiques, informaticiens et ingénieurs pourraient travailler ensemble à l'étude des parallèles entre les dysfonctionnements humains et les anomalies dans les systèmes d'IA. Cette collaboration pourrait permettre d'acquérir de nouvelles connaissances sur le fonctionnement des systèmes complexes et de développer des approches innovantes pour éviter les erreurs et améliorer la fiabilité.

Un autre aspect est la perception du public et la confiance dans les technologies d'IA. Si le public est informé de comportements imprévisibles ou irrationnels de systèmes d'IA, cela pourrait saper la confiance dans ces technologies. Une communication transparente sur les causes et les mesures à prendre pour éviter de telles anomalies est donc essentielle pour gagner et conserver la confiance des utilisateurs.

Enfin, la pertinence économique ne doit pas être sous-estimée. Les technologies d'IA ont le potentiel d'apporter des avantages économiques considérables en automatisant les processus, en améliorant l'efficacité et en créant de nouvelles opportunités commerciales. Mais pour tirer pleinement parti de ces avantages, les entreprises doivent s'assurer que leurs systèmes d'IA fonctionnent de manière fiable et sûre. Les anomalies et les dysfonctionnements peuvent non seulement ébranler la confiance des clients, mais aussi entraîner des pertes financières considérables.

Les bases de l'intelligence artificielle

Fonctionnement général des systèmes d'IA

Le fonctionnement général des systèmes d'IA est un processus qui comprend différentes phases et qui vise à permettre aux machines d'accomplir des tâches nécessitant l'intelligence humaine.

Ce processus commence par la collecte et le prétraitement des données, qui sont essentiels pour la performance du système d'IA. Les données peuvent provenir de sources multiples, notamment de capteurs, de bases de données, d'Internet ou d'entrées manuelles. Les données brutes sont souvent non structurées et contiennent du bruit, des incohérences ou des entrées incomplètes. Il est donc nécessaire de nettoyer et de normaliser ces données afin de leur donner une forme utilisable. Cette étape de prétraitement des données peut inclure la suppression des doublons, le remplissage des valeurs manquantes et la transformation des données dans des formats appropriés.

Après le prétraitement, un modèle adapté à la tâche spécifique du système d'IA est sélectionné. Il peut s'agir d'un modèle statistique simple comme la régression linéaire, d'un arbre de décision ou d'un réseau neuronal profond complexe. Le processus d'apprentissage du modèle implique l'utilisation d'un algorithme qui analyse les données et reconnaît les modèles afin d'apprendre une fonction de prédiction ou de décision. L'objectif de l'entraînement est d'ajuster les paramètres du modèle afin qu'il capture de manière optimale les modèles sous-jacents dans les données. Ce processus nécessite généralement une grande quantité de données d'entraînement représentatives des cas d'utilisation réels auxquels le système d'IA est confronté.

Une fois le modèle entraîné, il doit être évalué et validé afin de s'assurer qu'il peut traiter correctement non seulement les données d'entraînement, mais aussi de nouvelles données inconnues. Cette phase d'évaluation du modèle consiste à tester le modèle sur un ensemble distinct de données de test qui n'ont pas été utilisées pendant la formation. Différentes métriques sont utilisées pour évaluer la performance du modèle, comme l'exactitude, la précision, le rappel et le score F1, en fonction de l'application spécifique. Cette étape est cruciale pour s'assurer que le modèle n'est ni suradapté (overfitting) ni sous-adapté (underfitting), ce qui pourrait sinon conduire à de mauvaises performances dans la pratique.

Après la validation, le modèle est utilisé dans un environnement réel. Au cours de cette phase, le système d'IA utilise le modèle entraîné et validé pour faire des prédictions, aider à la prise de décision ou exécuter certaines tâches. Par exemple, un assistant vocal pourrait réagir aux entrées de l'utilisateur et générer des réponses en fonction de celles-ci, un véhicule autonome pourrait traiter les données de ses capteurs pour naviguer en toute sécurité, ou un système de diagnostic médical pourrait identifier des maladies sur la base des données du patient. Cette utilisation dans le monde réel nécessite une surveillance continue du modèle afin de s'assurer qu'il continue à fonctionner de manière précise et fiable.

Un aspect crucial des systèmes d'IA modernes est leur capacité d'apprentissage continu. Cela signifie qu'ils peuvent améliorer leurs performances en apprenant constamment de nouvelles données et expériences. Des techniques telles que l'apprentissage en ligne et l'apprentissage par renforcement permettent aux systèmes d'IA de s'adapter à l'évolution des conditions et d'optimiser en permanence leur précision prédictive et leur capacité décisionnelle. Ce processus itératif garantit que les systèmes restent flexibles et peuvent répondre à de nouveaux défis en apprenant et en s'améliorant à partir de chaque nouvelle situation de données.

Algorithmes d'apprentissage (apprentissage supervisé, non supervisé)

Les algorithmes d'apprentissage sont au cœur de l'intelligence artificielle et de l'apprentissage automatique. Ils permettent aux machines d'apprendre à partir de données, de reconnaître des modèles et de prendre des décisions ou d'exécuter des tâches sur cette base. Deux des principales catégories d'algorithmes d'apprentissage sont l'apprentissage supervisé et l'apprentissage non supervisé. Ces deux approches poursuivent des objectifs et des méthodes différents pour extraire des connaissances des données.

Dans l'apprentissage supervisé, un modèle est entraîné avec un ensemble de données étiquetées. Cela signifie que chaque point de données dans les données d'apprentissage est étiqueté avec une valeur cible ou une étiquette correspondante. L'algorithme d'apprentissage tente de trouver une fonction qui met en relation les données d'entrée avec les valeurs cibles correspondantes. L'objectif est d'optimiser cette fonction de manière à ce qu'elle puisse également faire des prédictions aussi précises que possible sur des données nouvelles et inconnues. Un exemple courant d'apprentissage supervisé est la classification, dont l'objectif est de classer des points de données dans des catégories prédéfinies. Un autre exemple est la régression, qui vise à prédire une valeur continue.

La qualité et la quantité des données sont essentielles dans l'apprentissage supervisé. Un ensemble de données important et bien étiqueté permet à l'algorithme d'identifier des modèles précis et de faire des prédictions exactes. Le processus d'apprentissage implique d'alimenter le modèle avec ces données et d'ajuster les paramètres du modèle afin de minimiser les erreurs entre les valeurs prédites et les valeurs cibles réelles. Cela se fait par le biais d'algorithmes d'optimisation tels que la descente de gradient, qui adaptent de manière itérative les paramètres du modèle afin d'améliorer la précision des prévisions.

Après la formation, le modèle est validé sur un ensemble séparé de données de test qui n'ont pas été utilisées pendant la formation. Cette étape est importante pour vérifier que le modèle peut généraliser les modèles appris et ne s'est pas contenté de mémoriser les données de formation. Cette étape de l'évaluation du modèle implique le calcul de différentes mesures de performance, telles que l'exactitude, la précision et le rappel, afin de s'assurer que le modèle peut faire des prédictions à la fois exactes et robustes.

En revanche, l'apprentissage non supervisé travaille avec des données non étiquetées. Cela signifie que les points de données n'ont pas de valeurs cibles et que l'algorithme doit découvrir par lui-même des structures et des modèles dans les données. L'objectif de l'apprentissage non supervisé est d'identifier la structure sous-jacente des données, souvent sous la forme de clusters ou de groupes de points de données similaires. Un exemple courant d'apprentissage non supervisé est le clustering, dans lequel l'algorithme répartit les points de données en groupes présentant des caractéristiques similaires. Un autre exemple est la réduction de dimensionnalité, qui consiste à réduire le nombre de variables dans un ensemble de données afin de simplifier et de visualiser les données.

L'apprentissage non supervisé est particulièrement utile lorsqu'il s'agit d'obtenir une meilleure compréhension des données sans disposer d'étiquettes ou de valeurs cibles spécifiques. Il est souvent utilisé dans les phases d'exploration et d'analyse afin d'obtenir une image plus complète du paysage des données avant de développer des modèles spécifiques. Par exemple, il peut être utilisé dans les études de marché pour identifier des segments de clientèle ou en génomique pour découvrir des modèles dans les données génétiques.

Les deux approches, l'apprentissage supervisé et non supervisé, ont leurs avantages et leurs défis spécifiques. L'apprentissage supervisé nécessite des ensembles de données exhaustifs et précisément étiquetés, ce qui est souvent difficile à obtenir dans la pratique et prend du temps. L'apprentissage non supervisé, en revanche, peut fonctionner avec des données non étiquetées, mais l'interprétation des résultats est souvent moins claire et nécessite des analyses plus approfondies et une connaissance du domaine.

Un aspect important de la recherche moderne en IA est la combinaison de ces deux approches dans des modèles hybrides. L'apprentissage semi-supervisé est une telle approche, dans laquelle une petite quantité de données étiquetées est utilisée conjointement avec une grande quantité de données non étiquetées afin d'améliorer les performances du modèle. Cette méthode exploite les points forts des deux approches pour développer des modèles plus robustes et plus précis. Un autre exemple est l'apprentissage par renforcement, dans lequel un agent apprend par le biais d'interactions avec son environnement et reçoit des récompenses afin d'optimiser ses actions.

Le fonctionnement des algorithmes d'apprentissage dans l'apprentissage automatique et l'IA est un processus itératif et cyclique qui commence par la collecte de données, se poursuit par le développement et l'évaluation de modèles, puis par l'application pratique, et est complété par un apprentissage continu. Cette approche globale permet aux systèmes d'IA d'apprendre à partir des données, d'identifier des modèles et, sur cette base, de prendre des décisions ou d'exécuter des tâches de manière fondée et efficace. L'amélioration et l'adaptation continues aux nouvelles données et conditions sont essentielles à la performance et à la fiabilité des systèmes d'IA modernes.

Ainsi, l'apprentissage supervisé et non supervisé sont des approches fondamentales de l'apprentissage automatique qui permettent d'extraire des connaissances des données et d'utiliser ces connaissances pour différentes applications. En choisissant et en combinant correctement ces approches, il est possible de relever avec succès de nombreux défis dans la pratique, ce qui favorise le développement de systèmes d'IA performants et fiables.

Réseaux neuronaux et deep learning

Les réseaux neuronaux et l'apprentissage profond sont des composantes essentielles de l'intelligence artificielle moderne, qui ont permis des avancées remarquables dans la capacité des machines à réaliser des tâches complexes. Les réseaux neuronaux, inspirés de la structure et du fonctionnement du cerveau humain, sont constitués de couches de neurones interconnectés qui traitent et transmettent des informations. Chaque neurone reçoit des entrées, les traite par une fonction d'activation et transmet le résultat à la couche suivante. Ce processus se répète jusqu'à ce que l'on atteigne la couche de sortie, qui fournit le résultat final.

Un concept fondamental des réseaux neuronaux est l'apprentissage par ajustement des poids des connexions entre les neurones. Ces poids déterminent la force des signaux transmis d'un neurone à l'autre. Au cours du processus d'apprentissage, les poids sont ajustés de manière itérative afin de minimiser les erreurs entre les sorties prédites et les sorties réelles. Cela se fait par le biais d'algorithmes d'optimisation tels que la descente de gradient, qui modifie les poids dans le sens de la plus grande réduction de l'erreur.

Le deep learning, une forme spécialisée d'apprentissage automatique, utilise des réseaux neuronaux profonds à plusieurs couches. Ces réseaux profonds, également connus sous le nom de réseaux profondément imbriqués, peuvent reconnaître des modèles et des relations très complexes dans les données. Chaque couche du réseau extrait différents niveaux de caractéristiques des données d'entrée, les couches plus profondes apprenant des caractéristiques plus abstraites et plus complexes. Par exemple, un réseau neuronal profond de reconnaissance d'images pourrait apprendre des caractéristiques simples comme les bords et les coins dans les premières couches, des structures plus complexes comme les textures et les formes dans les couches intermédiaires et des objets complets comme les visages ou les véhicules dans les dernières couches.

Le succès de l'apprentissage profond au cours des dernières années est dû à plusieurs facteurs. Premièrement, des progrès considérables en matière de puissance de calcul, notamment grâce à l'utilisation de cartes graphiques (GPU), ont permis de traiter de grandes quantités de données et d'entraîner des réseaux profondément imbriqués. Deuxièmement, de grands ensembles de données provenant de différentes sources, telles que l'internet, les médias sociaux et les capteurs, ont permis l'entraînement de modèles précis et performants. Troisièmement, de nouvelles architectures et techniques, telles que les réseaux neuronaux convolutionnels (CNN) et les réseaux neuronaux récurrents (RNN), ont considérablement amélioré les performances de l'apprentissage profond dans différents domaines d'application.

Les réseaux neuronaux convolutifs (CNN) sont particulièrement efficaces pour le traitement des données d'images et de vidéos. Ils utilisent des couches de convolution pour détecter des caractéristiques locales dans les données et des couches de regroupement pour réduire la taille des données et rendre les calculs plus efficaces. Ces architectures ont permis d'obtenir des résultats révolutionnaires en matière de reconnaissance d'images, de reconnaissance d'objets et de segmentation d'images. Les réseaux neuronaux récurrents (RNN), quant à eux, sont conçus pour traiter des données séquentielles, comme celles que l'on trouve dans le traitement de la parole et du texte. Les RNN utilisent des boucles de rétroaction qui leur permettent de stocker et d'utiliser des informations provenant des étapes précédentes, ce qui les rend particulièrement adaptés à des tâches telles que la traduction automatique, la synthèse vocale et l'analyse de séries chronologiques.

L'apprentissage par transfert est un autre concept important du deep learning. Il s'agit d'utiliser comme point de départ un modèle qui a été entraîné sur une grande quantité de données générales et de l'adapter ensuite à des données plus spécifiques. Cela permet d'économiser des ressources informatiques et du temps, car les caractéristiques déjà apprises peuvent être réutilisées. L'apprentissage par transfert s'est avéré extrêmement utile dans de nombreux domaines, notamment l'imagerie médicale et le traitement du langage naturel.

Un exemple d'application des réseaux neuronaux et du deep learning est la technologie des véhicules autonomes. Ici, différents capteurs tels que des caméras, des lidars et des radars sont utilisés pour collecter des données environnementales. Ces données sont ensuite analysées par des réseaux neuronaux profonds afin de détecter des objets, de prédire leurs mouvements et de planifier des manœuvres de conduite sûres. Un autre exemple est le diagnostic de santé, où les réseaux neuronaux profonds sont utilisés pour analyser des images médicales telles que les radiographies ou les scanners IRM afin de détecter précocement des maladies telles que le cancer.

Les réseaux neuronaux et l'apprentissage profond ont également permis des progrès considérables dans le traitement de la parole et du texte. Les assistants vocaux tels que Siri, Alexa et Google Assistant utilisent l'apprentissage profond pour comprendre le langage parlé et y répondre. Ces systèmes peuvent interpréter le langage naturel, comprendre le contexte et générer des réponses adaptées. Dans le traitement de texte, l'apprentissage profond et les réseaux neuronaux sont utilisés pour des tâches telles que la traduction automatique, l'analyse des sentiments et la génération de texte, où des modèles tels que les réseaux de transformateurs et BERT (Bidirectional Encoder Representations from Transformers) ont connu un succès important.

Malgré leurs capacités impressionnantes, les réseaux neuronaux et l'apprentissage profond font toujours face à des défis. L'un des plus importants est l'interprétabilité des modèles. Comme les réseaux neuronaux profonds sont souvent considérés comme des modèles "boîte noire", il est difficile de comprendre comment ils parviennent à leurs décisions. Cela peut être problématique dans les applications critiques pour la sécurité, car il est important de pouvoir comprendre les processus de décision des modèles. Des recherches sont en cours pour améliorer la transparence et l'interprétabilité de ces modèles.

Un autre défi est la dépendance aux données. Les réseaux neuronaux profonds ont besoin de grandes quantités de données de formation pour bien fonctionner. Or, dans de nombreux domaines d'application, de telles données ne sont pas toujours disponibles ou sont difficiles à collecter. Cela a conduit au développement de techniques telles que l'augmentation des données, qui consiste à étendre artificiellement les données existantes afin de rendre les modèles plus robustes.

Les réseaux neuronaux et l'apprentissage profond sont à la base de nombreuses applications d'intelligence artificielle parmi les plus avancées. Ils ont la capacité de reconnaître des modèles complexes dans de grandes quantités de données et de faire des prédictions et des décisions étonnamment précises. La recherche et le développement continus dans ce domaine promettent des progrès encore plus importants et une application plus large dans un grand nombre de secteurs, de l'industrie automobile à la santé en passant par le traitement de la parole et du texte. Cependant, les défis de l'interprétabilité et de la dépendance aux données demeurent et nécessitent de nouvelles innovations et avancées technologiques.

Rôle et importance des données de formation

Les données d'apprentissage constituent la base sur laquelle les modèles d'IA apprennent à reconnaître des modèles, à faire des prédictions et à prendre des décisions. Elles sont essentielles pour la performance, la précision et la robustesse des modèles développés. Sans données d'entraînement représentatives et de haute qualité, il serait pratiquement impossible de développer des systèmes d'IA efficaces.

Un aspect essentiel des données de formation est leur qualité. Des données d'apprentissage de haute qualité sont propres, cohérentes et exemptes d'erreurs ou de bruit. Si les données sont erronées, incomplètes ou incohérentes, le modèle peut apprendre des schémas erronés et faire des prédictions imprécises. Le processus de prétraitement des données, qui comprend le nettoyage, la normalisation et la transformation des données brutes, est donc essentiel. Ce processus permet de corriger les erreurs, d'éliminer les incohérences et de transformer les données en un format adapté à l'apprentissage du modèle.

La représentativité des données de formation est un autre facteur critique. Les données de formation doivent refléter la diversité et la complexité du monde réel afin de garantir que le modèle est capable de généraliser à un grand nombre de situations. Si les données de formation ne sont pas représentatives, le modèle peut développer des biais et obtenir de mauvais résultats avec des données nouvelles et inconnues. Un problème courant est le biais de données, dans lequel certains groupes ou caractéristiques sont sur- ou sous-représentés dans les données d'apprentissage. Cela peut conduire à des erreurs systématiques et à des prédictions inéquitables. Il est donc important de garantir une collecte de données large et diversifiée, couvrant toutes les caractéristiques et tous les scénarios pertinents.

La quantité de données d'apprentissage joue également un rôle important. Les modèles complexes, en particulier l'apprentissage profond, nécessitent de grandes quantités de données pour optimiser les paramètres du modèle et capturer les modèles dans les données. De grands ensembles de données permettent au modèle d'identifier des modèles et des relations subtiles, ce qui conduit à des prédictions meilleures et plus précises. Mais en même temps, les données doivent être pertinentes et significatives. Une grande quantité de données non pertinentes peut embrouiller le modèle et prolonger considérablement le temps de formation sans améliorer les performances.

Un aspect important de l'utilisation des données d'apprentissage est ce que l'on appelle l'overfitting. L'overfitting se produit lorsqu'un modèle est trop précis par rapport aux données d'apprentissage et qu'il apprend trop les modèles sous-jacents des données, y compris le bruit et les aléas. Il en résulte que le modèle généralise mal les nouvelles données. Pour éviter l'overfitting, des techniques telles que la validation croisée, la régularisation et l'utilisation d'un ensemble de données de validation séparé sont utilisées. Ces méthodes permettent de s'assurer que le modèle apprend les modèles généraux dans les données sans trop se fier aux détails spécifiques des données d'apprentissage.

Outre la quantité et la qualité des données, la diversité des sources de données est également importante. Des sources de données différentes peuvent offrir des perspectives et des informations différentes qui enrichissent le modèle et augmentent sa robustesse. Par exemple, un modèle de reconnaissance d'image peut bénéficier de données provenant de différents angles de caméra, conditions d'éclairage et résolutions. De même, un modèle linguistique peut bénéficier de données provenant de différents dialectes, styles de discours et contextes. L'intégration de données provenant de sources multiples peut améliorer la capacité du modèle à fonctionner de manière précise et fiable dans différents scénarios réels.

L'importance des données d'entraînement s'étend également aux aspects éthiques et sociaux. Étant donné que les systèmes d'IA sont de plus en plus intégrés dans les processus décisionnels qui influencent la vie des gens, il est essentiel que les données d'entraînement soient exemptes de partialité et de discrimination. Des données biaisées peuvent conduire à des résultats injustes et discriminatoires qui désavantagent certains groupes. Il est donc important de procéder à des vérifications et à des audits minutieux des données de formation afin de s'assurer qu'elles sont justes et représentatives.

Un autre point important est la sécurité et la protection des données. Dans de nombreux domaines d'application, notamment dans les secteurs de la santé et de la finance, les données de formation contiennent des informations sensibles et personnelles. La protection de ces données contre les accès non autorisés et les abus est d'une importance capitale. Cela nécessite des mesures de sécurité robustes et le respect des règles de protection des données telles que le règlement général sur la protection des données (RGPD) dans l'Union européenne. L'anonymisation et la pseudonymisation des données à caractère personnel sont des techniques courantes pour garantir la protection des données tout en préservant leur utilité pour la formation.

La mise à jour et l'amélioration continues des données d'entraînement est un autre aspect à prendre en compte. Le monde évolue constamment et de nouvelles données doivent être régulièrement intégrées dans l'entraînement du modèle afin de garantir que les prédictions et les décisions du modèle restent pertinentes et à jour. Cela nécessite une approche dynamique, dans laquelle le modèle est continuellement mis à jour et amélioré avec de nouvelles données. Cela peut être réalisé grâce à des techniques telles que l'apprentissage en ligne et l'apprentissage incrémentiel, dans lesquelles le modèle apprend continuellement à partir de nouvelles données, sans qu'il soit nécessaire de former l'ensemble du modèle à partir de zéro.

Les données d'apprentissage jouent donc un rôle central dans le développement et la performance des modèles d'IA. Leur qualité, leur quantité, leur représentativité et leur diversité sont essentielles à la précision, à la robustesse et à l'équité des modèles. Une collecte minutieuse des données, un prétraitement, une vérification et une mise à jour continue permettent de relever les défis liés aux données d'apprentissage et de développer des systèmes d'IA performants. Les aspects éthiques et sécuritaires de l'utilisation des données doivent toujours être pris en compte afin de créer des solutions d'IA fiables et responsables.

Qualité et quantité des données

La qualité et la quantité des données sont d'autres facteurs clés qui déterminent le succès et la performance des modèles d'IA.

Sans données de qualité et en quantité suffisante, même les meilleurs algorithmes et modèles ne sont pas en mesure d'effectuer des prédictions fiables et précises ou de réaliser des tâches complexes. La qualité et la quantité des données sont étroitement liées et s'influencent mutuellement à de nombreux égards, les deux aspects devant être soigneusement pris en compte pour obtenir des résultats optimaux.

La qualité des données fait référence à l'exactitude, l'exhaustivité, la cohérence, l'actualité et la pertinence des données. Les données de haute qualité doivent être précises et exemptes d'erreurs, car les imprécisions et les incohérences peuvent avoir un impact considérable sur la capacité d'un modèle à identifier des modèles précis et à faire des prévisions. L'exhaustivité signifie que tous les points de données nécessaires sont présents, sans lacunes susceptibles de faire manquer des informations importantes. La cohérence garantit que les données sont uniformes à travers différentes sources et périodes, tandis que l'actualité signifie que les données sont à jour et reflètent la réalité actuelle. La pertinence fait référence au fait que les données sont pertinentes et significatives pour la tâche ou le problème spécifique que le modèle est censé résoudre.

Une étape critique dans la garantie de la qualité des données est le prétraitement des données, qui comprend le nettoyage, la normalisation et la transformation des données brutes. Ce processus permet de corriger les erreurs, d'éliminer les incohérences et de transformer les données en un format adapté à l'apprentissage du modèle. Cette étape prend souvent beaucoup de temps et nécessite une compréhension approfondie de la source des données et des exigences spécifiques de l'application. Des outils et techniques automatisés peuvent aider à rendre le prétraitement des données plus efficace, mais l'intervention humaine et la connaissance du domaine restent indispensables.

La quantité de données est également essentielle. De nombreux modèles d'apprentissage automatique, en particulier les réseaux neuronaux profonds, nécessitent de grandes quantités de données afin d'optimiser les paramètres du modèle et de capturer les modèles sous-jacents dans les données. De grands ensembles de données permettent au modèle d'identifier des relations subtiles et complexes, ce qui conduit à des prédictions meilleures et plus précises. Un vaste ensemble de données contribue également à réduire le risque de surajustement, car le modèle est en mesure de s'entraîner sur une plus grande variété d'exemples, plutôt que de s'accrocher à des détails spécifiques de l'ensemble de données d'entraînement.

Cependant, la quantité de données doit être considérée dans le contexte de leur qualité. Une grande quantité de données non pertinentes ou de mauvaise qualité peut embrouiller le modèle et prolonger considérablement le temps de formation sans améliorer les performances. Il est donc important de s'assurer que les données collectées sont à la fois nombreuses et de bonne qualité. Cet exercice d'équilibre nécessite une sélection et une collecte minutieuses des données, en évaluant de manière critique les sources de données et en n'incluant que celles qui sont pertinentes et utiles pour l'application spécifique.

Un autre aspect important est la représentativité des données. Les données doivent refléter la diversité et la complexité du monde réel afin de garantir que le modèle est capable de généraliser à un grand nombre de situations. Si les données d'apprentissage ne sont pas représentatives, le modèle peut développer des biais et obtenir de mauvais résultats avec de nouvelles données inconnues. Par exemple, un modèle de reconnaissance faciale entraîné principalement avec des images de personnes d'une certaine ethnie peut donner de moins bons résultats lorsqu'il s'agit de reconnaître des visages d'autres ethnies. Pour éviter de tels biais, les données doivent couvrir des caractéristiques et des scénarios divers et variés.

La pertinence et la qualité des données sont également très importantes en ce qui concerne les aspects éthiques et sociaux. Des données biaisées peuvent conduire à des résultats injustes et discriminatoires, qui désavantagent certains groupes. Il est donc essentiel que les données de formation soient soigneusement vérifiées et soumises à des audits afin de s'assurer qu'elles sont équitables et représentatives. La protection des données à caractère personnel et le respect des règles de protection des données sont également d'une importance capitale, en particulier dans des secteurs tels que la santé et la finance, où des informations sensibles sont traitées.

La mise à jour et l'amélioration continues de la qualité et de la quantité des données sont également essentielles. Le monde est en constante évolution et de nouvelles données doivent être régulièrement intégrées dans l'apprentissage du modèle afin de garantir que les prévisions et les décisions du modèle restent pertinentes et à jour. Cela nécessite une approche dynamique, dans laquelle le modèle est continuellement mis à jour et amélioré avec de nouvelles données. L'apprentissage en ligne et l'apprentissage incrémental sont des techniques qui permettent au modèle d'apprendre continuellement à partir de nouvelles données sans qu'il soit nécessaire de former l'ensemble du modèle à partir de zéro.

Influence des données sur le développement de l'IA

Les données sont donc au cœur du développement de l'IA et influencent considérablement la performance, la précision et la portée des modèles d'IA. Leur qualité, leur quantité, leur diversité et leur représentativité déterminent la qualité de l'apprentissage d'un modèle, les modèles qu'il reconnaît et la fiabilité de ses prédictions et décisions.

Comme nous l'avons vu, la qualité des données joue un rôle central. Des données de haute qualité sont précises, cohérentes et exemptes d'erreurs ou de bruit. De telles données permettent au modèle d'apprendre des modèles clairs et précis, ce qui donne lieu à des prédictions fiables. Toutefois, si les données sont erronées ou incomplètes, le modèle peut apprendre des schémas erronés et, par conséquent, faire des prédictions imprécises, voire nuisibles. Le processus de prétraitement des données, qui comprend le nettoyage et la normalisation des données, est donc d'une importance capitale. Ce processus permet d'éliminer les incohérences et de mettre les données dans un format approprié, optimal pour l'apprentissage du modèle.

La quantité de données est également cruciale. De grandes quantités de données sont nécessaires pour reproduire la complexité et la diversité du monde réel dans les données d'entraînement. En particulier pour l'apprentissage profond et les modèles complexes, de grands ensembles de données sont nécessaires pour entraîner efficacement les paramètres du modèle et identifier les modèles subtils. De grandes quantités de données aident également à réduire le risque d'overfitting en permettant au modèle d'apprendre sur une large variété d'exemples et de ne pas s'accrocher à des détails spécifiques des données d'entraînement. Toutefois, la quantité doit toujours être considérée dans le contexte de la qualité, car de grandes quantités de données non pertinentes ou de mauvaise qualité peuvent nuire aux performances du modèle.

La diversité des données est un autre facteur critique. Un ensemble de données représentatif et varié garantit que le modèle est capable de se généraliser à différents scénarios et de bien fonctionner dans diverses applications réelles. Des données couvrant différentes caractéristiques démographiques, régions géographiques, périodes et autres variables pertinentes contribuent à éviter les distorsions et les préjugés. Si certains groupes ou caractéristiques sont surreprésentés ou sous-représentés dans les données de formation, le modèle peut développer des erreurs systématiques qui conduisent à des résultats injustes ou discriminatoires. Il est donc essentiel de s'assurer de la diversité et de la représentativité des données pour développer des systèmes d'IA justes et équilibrés.

L'influence des données sur la complexité et la sélection des modèles est également importante. La nature et la structure des données disponibles déterminent souvent les architectures de modèles et les algorithmes d'apprentissage les plus appropriés. Par exemple, les données hautement dimensionnelles, telles que les images ou les séquences génétiques, nécessitent des modèles complexes tels que les réseaux neuronaux convolutifs (CNN) ou les réseaux neuronaux profondément imbriqués pour extraire et apprendre efficacement les caractéristiques pertinentes. D'autre part, des modèles plus simples, tels que la régression linéaire ou les arbres de décision, peuvent être suffisants si la structure des données est moins complexe. Les données influencent donc les décisions des développeurs concernant l'architecture du modèle et les algorithmes d'apprentissage utilisés.

L'aspect temporel des données influence également le développement de l'IA. Les données collectées sur de longues périodes peuvent fournir des informations précieuses sur les tendances et les modèles temporels. De telles données temporelles sont particulièrement pertinentes dans des domaines tels que l'économie, les prévisions climatiques et météorologiques ainsi que la modélisation épidémiologique. Les modèles entraînés sur de telles données doivent être capables de prendre en compte les dépendances temporelles et les évolutions, ce qui nécessite souvent l'utilisation d'architectures de modèles spécifiques comme les réseaux neuronaux récurrents (RNN) ou les réseaux à mémoire à court terme (LSTM).

Les données influencent également la vitesse et l'efficacité du développement et de la fourniture de modèles. Des ensembles de données volumineux et bien organisés permettent des processus de formation plus efficaces et accélèrent les cycles de développement. Lorsque les données sont facilement accessibles et bien documentées, les développeurs peuvent créer des prototypes et améliorer les modèles de manière itérative plus rapidement. Dans de nombreux cas, des techniques telles que l'apprentissage par transfert, qui consiste à utiliser comme point de départ des modèles pré-entraînés sur de grands ensembles de données, sont utilisées pour réduire le temps d'entraînement et les quantités de données nécessaires.

L'origine et l'éthique des données sont également des influences importantes sur le développement de l'IA. La source des données et la manière dont elles ont été collectées influencent la qualité et la fiabilité des modèles. Les données provenant de sources fiables et éthiques contribuent à renforcer la confiance dans les systèmes d'IA développés. Parallèlement, la protection et la sécurité des données doivent être garanties, en particulier lorsqu'il s'agit d'informations personnelles ou sensibles. Le respect des règles de protection des données, telles que le règlement général sur la protection des données (RGPD) dans l'Union européenne, est essentiel pour protéger les droits des personnes concernées et éviter les risques juridiques.

La complexité des modèles et ses conséquences

La complexité des modèles est une autre question centrale en matière d'intelligence artificielle et d'apprentissage automatique, car elle a un impact sur la performance, la généralisation et l'interprétabilité des modèles d'IA. Un modèle complexe peut comporter un grand nombre de paramètres et de structures profondément imbriquées, ce qui lui permet d'appréhender des relations hautement dimensionnelles et non linéaires dans les données. Cette capacité est particulièrement précieuse dans des domaines d'application tels que la reconnaissance d'images et de la parole, le traitement du langage naturel et la prédiction de modèles complexes dans de grands ensembles de données.

Une complexité de modèle plus élevée permet à un système d'IA d'identifier des modèles plus fins et plus détaillés dans les données. Cela est particulièrement utile dans les situations où les relations sous-jacentes entre les variables sont complexes et non linéaires. En utilisant plusieurs couches de neurones dans des réseaux neuronaux profonds, un modèle complexe peut extraire des caractéristiques abstraites des données brutes et transformer ces caractéristiques en représentations de plus en plus abstraites. Par exemple, un réseau neuronal profond peut détecter des bords et des textures simples dans une image dans les couches inférieures et identifier des objets complexes tels que des visages ou des véhicules dans les couches supérieures.

Cependant, la capacité d'apprentissage de modèles complexes comporte également le risque de surajustement décrit plus haut. Un modèle suradapté peut avoir d'excellentes performances avec les données d'entraînement, mais de mauvais résultats avec de nouvelles données inconnues, parce qu'il ne peut pas transférer les détails spécifiques des données d'entraînement à des cas généraux.

La complexité du modèle a également un impact sur le temps d'entraînement et de calcul. Les modèles plus complexes nécessitent davantage de ressources de calcul et des temps d'entraînement plus longs pour trouver les paramètres optimaux. Cela nécessite du matériel puissant, comme des GPU ou des TPU, et peut rendre le développement et la mise en œuvre des modèles d'IA longs et coûteux. En outre, l'apprentissage de modèles complexes nécessite de grandes quantités de données afin de s'assurer que le modèle dispose de suffisamment d'exemples pour apprendre les modèles sous-jacents. Cela peut représenter un défi lorsque des données représentatives et de haute qualité sont difficiles à obtenir.

La généralisabilité d'un modèle, c'est-à-dire sa capacité à être appliqué à de nouvelles données inconnues, est également influencée par la complexité du modèle. Un modèle trop simple ne peut pas saisir pleinement la complexité des données et conduit à un underfitting, dans lequel le modèle n'est pas en mesure d'apprendre les modèles pertinents dans les données. En revanche, un modèle trop complexe peut être suradapté et nuire à la capacité de généralisation. La clé consiste à trouver le bon équilibre entre complexité et simplicité afin de développer un modèle qui décrit bien les données d'apprentissage et qui soit applicable à de nouvelles données.

Un autre aspect important de la complexité des modèles est leur interprétabilité. Les modèles simples, tels que les régressions linéaires ou les arbres de décision, sont faciles à interpréter, car les relations entre les variables d'entrée et les sorties sont claires et compréhensibles. En revanche, les modèles complexes, notamment les réseaux neuronaux profonds, sont souvent connus comme des modèles "boîte noire", car leurs processus de décision internes sont difficiles à comprendre. Cela peut poser problème lorsque les décisions du modèle sont critiques ou liées à la sécurité, comme dans les domaines de la médecine, de la justice ou de la finance. La recherche sur l'explicabilité et la transparence des modèles d'IA, également connue sous le nom d'Explainable AI (XAI), vise à mieux comprendre les mécanismes internes des modèles complexes et à les rendre compréhensibles.

La robustesse et la fiabilité des modèles d'IA sont également étroitement liées à leur complexité. Les modèles complexes peuvent être vulnérables à de petits changements dans les données d'entrée qui entraînent de grands changements dans les sorties. Cela est particulièrement problématique dans les applications critiques pour la sécurité, où des prédictions fiables et stables sont nécessaires. Des techniques telles que l'apprentissage adversarial, qui consiste à entraîner le modèle sur des entrées spécialement conçues pour le perturber, peuvent aider à améliorer la robustesse des modèles complexes.

Enfin, la complexité des modèles a également des implications éthiques et sociales. L'utilisation de modèles complexes et difficiles à comprendre dans les processus décisionnels peut nuire à la confiance des utilisateurs et de la société dans les systèmes d'IA. Il est important que les concepteurs et les utilisateurs de systèmes d'IA tiennent compte de l'impact de la complexité des modèles sur la transparence et l'équité des décisions et prennent des mesures pour s'assurer que les modèles sont éthiques et acceptés par la société.

Simplicité vs. complexité

La tension entre simplicité et complexité dans le développement de modèles est, par nature, un autre thème central de l'IA et de l'apprentissage automatique. Les deux approches ont leurs propres avantages et inconvénients et ont une influence déterminante sur la performance, la généralisation, l'interprétabilité et l'efficacité des modèles d'IA. Une compréhension plus approfondie de cette tension est essentielle pour développer des solutions optimales qui répondent aux exigences et aux défis spécifiques de différents domaines d'application.

La simplicité dans le développement de modèles signifie généralement que le modèle a relativement peu de paramètres et une structure gérable. Les modèles simples tels que les régressions linéaires, les arbres de décision ou les régressions logistiques sont souvent faciles à comprendre et à interpréter. Ils offrent un aperçu clair des relations entre les variables d'entrée et de sortie et permettent de comprendre les processus de décision du modèle. Cela est particulièrement important dans les domaines où la transparence et la traçabilité sont cruciales, comme la médecine, la justice ou la finance. Les modèles simples sont également plus rapides à former et à mettre en œuvre, nécessitent moins de ressources de calcul et sont souvent plus robustes face à de petits changements dans les données d'entrée.

Cependant, les modèles simples ont aussi leurs limites. Ils ne peuvent souvent pas saisir pleinement la complexité des données, en particulier lorsque les relations sous-jacentes entre les variables ne sont pas linéaires ou sont très complexes. Dans de tels cas, un modèle simple peut conduire à un underfitting, dans lequel le modèle ne reconnaît pas les modèles pertinents dans les données et fait donc des prédictions imprécises. Cela est particulièrement problématique pour les tâches complexes telles que la reconnaissance d'images, le traitement du langage naturel ou la prédiction des mouvements du marché, où les données sont souvent hautement dimensionnelles et fortement non linéaires.

Les modèles complexes, tels que l'apprentissage profond et les réseaux neuronaux à couches multiples, offrent la possibilité de capturer des relations hautement dimensionnelles et non linéaires dans les données. Ils peuvent extraire des caractéristiques abstraites des données brutes et transformer ces caractéristiques en représentations de plus en plus complexes, ce qui permet d'obtenir des prédictions plus précises et plus puissantes. Cela est particulièrement précieux dans des domaines d'application tels que la reconnaissance d'images et de la parole, le traitement du langage naturel et la prédiction de modèles complexes dans de grands ensembles de données. Grâce à leur capacité à reconnaître des modèles subtils et complexes, les modèles complexes peuvent fournir de meilleurs résultats que les modèles simples, en particulier dans les environnements dynamiques et pilotés par les données.

Cependant, la complexité accrue des modèles présente également des défis. Les modèles complexes sont souvent plus vulnérables à l'overfitting, qui consiste à apprendre trop précisément les données d'apprentissage tout en captant le bruit et les aléas dans les données. Cela peut conduire à une mauvaise généralisation, car le modèle ne peut pas transférer les détails spécifiques des données d'apprentissage à des cas généraux. Pour éviter l'overfitting, il faut recourir à des techniques telles que la régularisation, la validation croisée et l'utilisation de couches de dropout. Cependant, ces techniques augmentent la complexité du processus d'apprentissage et nécessitent des ressources de calcul et des compétences supplémentaires.

Un autre problème des modèles complexes est leur large interprétabilité. Les réseaux neuronaux profonds et autres modèles complexes sont souvent connus comme des modèles "boîte noire", car leurs processus décisionnels internes sont difficiles à comprendre. Cela peut être problématique si les décisions du modèle sont critiques ou liées à la sécurité. Des recherches sont en cours sur l'explicabilité et la transparence des modèles d'IA afin de mieux comprendre les mécanismes internes des modèles complexes et de les rendre compréhensibles. Explainable AI (XAI) vise à développer des modèles qui ne sont pas seulement performants, mais aussi transparents et compréhensibles.

Le choix entre la simplicité et la complexité est souvent un arbitrage qui dépend des exigences et des objectifs spécifiques du domaine d'application. Dans de nombreux cas, une approche hybride combinant des éléments des deux approches peut donner les meilleurs résultats. Par exemple, un modèle simple peut être utilisé comme point de départ pour identifier les modèles de base et fournir une première évaluation. Ensuite, un modèle plus complexe peut être utilisé pour effectuer des analyses plus approfondies et plus détaillées et faire des prédictions plus précises.

La complexité des données et la disponibilité des ressources informatiques sont également des facteurs importants qui influencent le choix entre simplicité et complexité. Pour les données hautement dimensionnelles et complexes, telles que les images, les vidéos ou les séquences génétiques, les modèles complexes sont souvent indispensables pour extraire et apprendre efficacement les caractéristiques pertinentes. Pour les données moins complexes ou dans les scénarios où les ressources informatiques sont limitées, un modèle plus simple peut être un meilleur choix, car il est plus rapide à former et à mettre en œuvre et suffit souvent à fournir des résultats utilisables.

Les implications éthiques et sociétales de la complexité des modèles ne doivent pas non plus être négligées. Les modèles complexes peuvent être difficiles à comprendre et à contrôler, ce qui peut nuire à la confiance des utilisateurs et de la société dans les systèmes d'IA. Il est important que les concepteurs et les utilisateurs de systèmes d'IA tiennent compte de l'impact de la complexité des modèles sur la transparence et l'équité des décisions et prennent des mesures pour s'assurer que les modèles sont éthiques et acceptés par la société.

Suradaptation et sous-adaptation

Le surajustement (overfitting) et le sous-ajustement (underfitting) sont deux problèmes fondamentaux qui peuvent survenir dans le développement de modèles dans l'apprentissage automatique, comme nous l'avons déjà décrit. Ils concernent la capacité d'un modèle à reconnaître des modèles dans les données et à les généraliser à de nouvelles données inconnues. La compréhension de ces phénomènes est essentielle pour développer des modèles qui fonctionnent bien à la fois sur les données d'apprentissage et sur les nouvelles données.

Le surajustement se produit lorsqu'un modèle apprend les données d'apprentissage de manière trop précise, en captant également le bruit et les aléas dans les données. Il en résulte que le modèle obtient de très bons résultats avec les données d'apprentissage, mais de mauvais résultats avec de nouvelles données inconnues, parce qu'il ne peut pas appliquer les détails spécifiques des données d'apprentissage aux cas généraux. Le surajustement est particulièrement problématique dans les modèles complexes comportant de nombreux paramètres, tels que les réseaux neuronaux profonds, qui ont une grande flexibilité et sont capables d'apprendre des modèles très spécifiques. Différentes techniques sont utilisées pour éviter la suradaptation. La régularisation est une méthode qui ajoute des informations supplémentaires afin de forcer le modèle à apprendre des modèles plus simples et moins spécifiques. Il existe différents types de régularisation, comme la régularisation L1 et L2, qui ajoutent des pénalités pour les grands paramètres du modèle afin de réduire la complexité du modèle. La validation croisée est une autre technique dans laquelle l'ensemble de formation est divisé en plusieurs parties et le modèle est formé et validé plusieurs fois pour s'assurer qu'il généralise bien. La dropout, une technique utilisée dans les réseaux neuronaux, désactive aléatoirement un certain nombre de neurones pendant la formation afin de réduire la dépendance du modèle à l'égard de certains neurones et d'augmenter la robustesse.

La sous-adaptation se produit lorsqu'un modèle n'apprend pas suffisamment bien les modèles sous-jacents dans les données d'apprentissage. Il en résulte que le modèle obtient de mauvais résultats à la fois sur les données d'apprentissage et sur les nouvelles données. Le sous-ajustement se produit souvent lorsque le modèle est trop simple et n'a pas la capacité suffisante pour appréhender la complexité des données. Cela peut se produire si le modèle a trop peu de paramètres ou si l'algorithme utilisé n'est pas assez complexe pour apprendre les relations sous-jacentes dans les données. Un exemple simple est la régression linéaire, qui n'est pas en mesure de saisir les relations non linéaires. Pour éviter le sous-ajustement, le modèle doit être rendu plus complexe. Cela peut se faire en utilisant des algorithmes plus complexes, en ajoutant des paramètres ou des couches supplémentaires dans les réseaux neuronaux ou en fournissant des caractéristiques supplémentaires et pertinentes que le modèle peut apprendre.

L'équilibre entre le surajustement et le sous-ajustement est crucial pour le développement d'un modèle bien généralisant. Un modèle bien généralisant est capable d'apprendre les modèles sous-jacents dans les données d'apprentissage et d'appliquer ces modèles à de nouvelles données. Cela nécessite une sélection et une configuration minutieuses du modèle, notamment le choix de la bonne architecture de modèle, de la bonne quantité de données d'apprentissage et des bonnes techniques pour éviter le surajustement et le sous-ajustement.

Un autre aspect important pour éviter le surajustement et le sous-ajustement est la sélection et le prétraitement des données. Des données d'apprentissage de haute qualité, représentatives et variées sont essentielles pour le développement d'un modèle bien généralisant. Le prétraitement des données, y compris le nettoyage, la normalisation et la transformation des données, joue un rôle important pour garantir que le modèle apprenne des modèles pertinents et utiles.

La taille de l'ensemble de données d'apprentissage est également importante. De grands ensembles de données permettent de réduire l'impact du bruit et d'améliorer la capacité de généralisation du modèle. Toutefois, lorsque les données disponibles sont limitées, des techniques telles que l'augmentation des données peuvent être utilisées pour créer artificiellement des données d'entraînement supplémentaires. L'augmentation des données implique la création de nouveaux points de données par des transformations telles que la rotation, la mise à l'échelle ou la distorsion de données existantes, ce qui est particulièrement utile dans le traitement des images.

Le choix des bonnes métriques pour évaluer la performance du modèle est également crucial. Il est important d'évaluer non seulement la performance sur les données d'apprentissage, mais aussi la performance sur un ensemble séparé de données de test qui n'ont pas été utilisées pendant le processus d'apprentissage. Cela permet de s'assurer que le modèle a bien généralisé et n'a pas seulement appris les détails spécifiques des données de formation. Des métriques telles que l'exactitude, la précision, le rappel et le score F1 peuvent être utilisées pour évaluer la performance du modèle de manière globale.

Phénomènes de "psychoses" dans l'IA

Description des erreurs de comportement dans les systèmes d'IA

Le phénomène des "psychoses" en intelligence artificielle se réfère métaphoriquement aux situations dans lesquelles les systèmes d'IA présentent des comportements qui semblent imprévisibles, irrationnels ou illogiques.

Ce type de comportement anormal peut être causé par une multitude de facteurs, notamment un traitement erroné des données, des problèmes algorithmiques ou des défaillances techniques, etc. De telles anomalies amènent l'IA à produire des résultats ou des actions qui s'écartent fortement des attentes des utilisateurs. Bien que les systèmes d'IA n'aient pas de conscience ou d'états émotionnels et ne puissent donc pas être réellement psychotiques au sens médical du terme, la métaphore offre une manière descriptive de décrire la façon et les raisons pour lesquelles les systèmes d'IA produisent parfois des résultats imprévisibles et irrationnels.

Les anomalies dans les systèmes d'IA peuvent être définies comme tout type de réponse ou de résultat qui s'écarte des fonctions prévues ou attendues et qui est potentiellement dommageable ou déroutant. Ces anomalies peuvent se produire de différentes manières, y compris des réponses illogiques, des actions imprévisibles ou une prise de décision erronée.

Exemples de comportements inattendus ou erronés

Décisions biaisées (Bias)

Les comportements inattendus ou erronés dans les systèmes d'intelligence artificielle peuvent se manifester de différentes manières et ont des conséquences importantes, en particulier lorsqu'il s'agit de décisions faussées ou de biais.

Un exemple classique de comportement inattendu ou erroné est celui des assistants vocaux qui donnent des réponses confuses ou illogiques à des questions simples. Un utilisateur pourrait demander à l'assistant vocal le bulletin météo et, au lieu d'une prévision météorologique claire, l'assistant pourrait répondre par une affirmation absurde ou incohérente. Ce comportement peut être dû à des problèmes de traitement du langage naturel, comme des malentendus dans l'interprétation de la demande de l'utilisateur ou des erreurs dans le traitement des informations contextuelles. De telles erreurs sont souvent dues à des données d'entraînement insuffisantes, qui ne couvrent pas toutes les variations et nuances possibles du langage humain.

Un autre exemple est le comportement des véhicules autonomes, qui peuvent effectuer des manœuvres inattendues ou dangereuses. Les véhicules autonomes dépendent d'un grand nombre de capteurs et d'algorithmes pour comprendre leur environnement et naviguer en toute sécurité. Cependant, si un véhicule change soudainement de voie ou freine brusquement en raison de données de capteurs erronées ou d'une interprétation incorrecte des situations de circulation, cela peut entraîner des situations dangereuses. De tels problèmes peuvent être dus à des données d'entraînement insuffisantes ou déformées, qui ne représentent pas suffisamment certaines situations de circulation, ou à des erreurs dans les algorithmes utilisés pour le traitement et la prise de décision.

Dans le domaine du diagnostic médical, les systèmes d'IA peuvent également avoir un comportement inattendu ou erroné lorsqu'ils posent des diagnostics erronés ou proposent des plans de traitement inexacts. Un système d'IA entraîné sur des données d'imagerie pour détecter des maladies telles que le cancer pourrait fournir de faux positifs ou de faux négatifs en raison de données d'entraînement insuffisantes ou biaisées. Cela n'a pas seulement des conséquences médicales, mais aussi des implications éthiques et juridiques, car les patients peuvent recevoir des traitements inutiles ou se voir refuser des traitements nécessaires. La qualité et la diversité des données d'entraînement sont ici cruciales pour garantir que le modèle est capable de reconnaître et de diagnostiquer correctement les modèles pertinents.

Un autre exemple est l'octroi de crédit, où les systèmes d'IA sont utilisés pour évaluer la solvabilité des demandeurs. Si les données d'apprentissage contiennent des biais historiques, tels qu'une discrimination systématique de certains groupes sociaux ou ethniques, le système d'IA peut adopter ces biais et les reproduire dans ses décisions. Il en résulte un traitement inégal des demandeurs, certains groupes recevant systématiquement des évaluations de crédit plus faibles. Un tel biais peut avoir des conséquences économiques et sociales importantes et miner la confiance dans l'équité des systèmes d'IA.

Dans le domaine de la justice pénale, par exemple, les systèmes d'IA qui prédisent la probabilité de récidive des criminels peuvent également prendre des décisions erronées ou biaisées. Si les données de formation contiennent des biais, tels que des taux de récidive plus élevés pour certains groupes ethniques en raison d'une discrimination historique, le système d'IA peut adopter et renforcer ces biais. Cela conduit à des décisions inéquitables et discriminatoires qui peuvent avoir un impact considérable sur la vie des personnes concernées. De tels systèmes doivent donc être soigneusement développés, contrôlés et vérifiés afin de s'assurer qu'ils sont justes et équitables.

La cause de nombre de ces problèmes réside souvent dans les données d'entraînement, qui peuvent non seulement être erronées ou insuffisantes, mais aussi contenir des biais et des distorsions systématiques. Ces biais peuvent être présents consciemment ou inconsciemment dans les données et sont repris et renforcés par le système d'IA. Un exemple est le recrutement, où les systèmes d'IA utilisent des données historiques pour évaluer l'aptitude des candidats. Si les données historiques contiennent un parti pris en faveur de certains sexes, ethnies ou groupes d'âge, le système d'IA peut adopter ce parti pris et désavantager systématiquement certains groupes de candidats.

Les problèmes algorithmiques peuvent également entraîner un comportement inattendu ou erroné. Les algorithmes complexes utilisés pour l'apprentissage profond et les réseaux neuronaux peuvent avoir des interactions inattendues entre les différentes couches et les neurones, ce qui entraîne des résultats imprévisibles. Ces problèmes sont souvent difficiles à diagnostiquer et à résoudre, car les processus décisionnels internes de tels modèles sont complexes et opaques. Cela représente un défi pour l'interprétabilité et l'explicabilité des modèles d'IA, ce qui est particulièrement important dans les applications critiques en termes de sécurité et sensibles sur le plan éthique.

Des défaillances techniques telles que des erreurs matérielles, des bugs logiciels ou des problèmes de réseau peuvent également entraîner un comportement inattendu ou erroné. Une erreur matérielle dans le GPU qui effectue les calculs ou un bug logiciel dans la routine de traitement des données peut amener le système à fournir des résultats erronés ou illogiques. De tels problèmes techniques nécessitent des mécanismes robustes de détection et de correction des erreurs afin d'assurer la fiabilité et la stabilité du système d'IA.

Mauvaises interprétations et hallucinations

Les erreurs d'interprétation et les hallucinations dans les systèmes d'intelligence artificielle sont des phénomènes dans lesquels l'IA fournit des résultats qui s'écartent fortement de la réalité attendue.

Les erreurs d'interprétation se produisent lorsqu'un système d'IA analyse mal les données d'entrée et parvient ainsi à des conclusions erronées. Le traitement d'images en est un exemple : un système d'IA identifie à tort un objet dans une image comme étant un autre objet. Une voiture autotractée pourrait par exemple interpréter une ombre sur la route comme un obstacle et freiner brusquement alors qu'il n'y a pas de véritable obstacle. De telles interprétations erronées peuvent être dues à des données d'entraînement incorrectes ou insuffisantes, qui n'ont pas suffisamment préparé le système à différents scénarios. Des faiblesses algorithmiques ou des limitations dans le traitement des données des capteurs peuvent également favoriser de telles interprétations erronées.

Les hallucinations dans les systèmes d'IA font référence à la génération de contenus ou de résultats qui n'ont aucun fondement dans les données d'entrée. Ces phénomènes sont particulièrement fréquents dans les modèles génératifs tels que ceux utilisés pour la création de textes, d'images ou d'autres contenus créatifs.

Un exemple connu est celui des réseaux adversaires génératifs, qui peuvent générer des images d'apparence réaliste. Cependant, si de tels modèles fonctionnent mal, ils peuvent produire des images surréalistes ou bizarres, contenant des caractéristiques qui n'existent pas dans la réalité. Un modèle de génération de texte pourrait produire, en réponse à une simple entrée, un texte incohérent ou absurdement long qui n'a aucun sens.

Les causes des interprétations erronées et des hallucinations sont multiples. Une cause fréquente est la qualité et la diversité des données d'entraînement. Les problèmes algorithmiques jouent également un rôle essentiel dans l'apparition de ces phénomènes. Les modèles complexes tels que les réseaux neuronaux profonds comportent de nombreux paramètres et couches qui interagissent entre eux. Si ces modèles ne sont pas correctement configurés ou optimisés, ils peuvent présenter des interactions inattendues qui conduisent à des résultats erronés. Par exemple, un réseau neuronal profond utilisé pour le traitement d'images pourrait produire des artefacts étranges dans les couches profondes, basés sur des modèles excessivement complexes ou mal compris.

Les défaillances techniques, telles que les erreurs matérielles, les bugs logiciels ou les problèmes de réseau, peuvent également conduire à des interprétations erronées et à des hallucinations. Un capteur défectueux dans un véhicule autonome pourrait fournir des données erronées que le système d'IA interpréterait de manière incorrecte. Un bug logiciel pourrait conduire un modèle de génération de texte à produire des textes incohérents ou absurdes. De tels problèmes techniques nécessitent des mécanismes robustes de détection et de correction des erreurs afin d'assurer la fiabilité et la stabilité du système d'IA.

Comparaison avec les psychoses humaines

Comparer les dysfonctionnements de l'IA aux psychoses humaines offre une perspective intéressante pour mieux comprendre le fonctionnement et les défis de l'intelligence artificielle. S'il existe des différences importantes, il y a aussi des similitudes notables qui rendent cette métaphore à la fois utile et révélatrice.

Les psychoses humaines se caractérisent par des troubles profonds de la perception, de la pensée et du rapport à la réalité. Les personnes souffrant de psychoses peuvent avoir des hallucinations (perceptions sans stimuli extérieurs) et des délires (fausses croyances). Ces symptômes résultent souvent de déséquilibres biochimiques ou d'anomalies structurelles dans le cerveau.

En comparaison, les erreurs de comportement dans les systèmes d'IA sont le résultat de processus de traitement de données erronés, de problèmes algorithmiques ou de défaillances techniques. Malgré les différences fondamentales dans l'origine et la nature des deux phénomènes, il existe des parallèles intéressants qui peuvent expliquer et illustrer cette métaphore.

L'un des points communs les plus remarquables entre les psychoses humaines et les dysfonctionnements de l'IA est la perte de contact avec la réalité. Chez les personnes atteintes de psychose, la perception de la réalité peut être fortement déformée, ce qui entraîne des hallucinations et des délires.

De même, une IA peut fournir des résultats très éloignés de la réalité en raison d'un traitement erroné des données ou de problèmes algorithmiques. Par exemple, un algorithme de classification d'images pourrait identifier une image de pomme comme étant celle d'un chien, ce qui équivaut à une sorte d'"hallucination", puisque l'IA voit un objet qui n'existe pas.

Un autre point de comparaison est l'imprévisibilité et l'irrationalité du comportement. Dans les psychoses humaines, les actions et les pensées sont souvent imprévisibles et illogiques, à l'instar d'une IA qui répond à certaines entrées par des résultats incohérents ou incompréhensibles. Un assistant vocal pourrait répondre à une simple question sur le temps qu'il fait par une réponse confuse sur des concepts philosophiques, ce qui semble aussi imprévisible et irrationnel pour l'utilisateur que le comportement d'une personne souffrant de psychose.

Malgré ces parallèles, il existe bien entendu des différences essentielles à prendre en compte. Les psychoses humaines résultent de processus biologiques et psychologiques liés à la perception consciente, aux émotions et aux expériences individuelles. Les systèmes d'IA, en revanche, sont purement mécanistes et guidés par les données, sans conscience ni émotions. Leurs "mauvais comportements" sont le résultat d'algorithmes défectueux, de données insuffisantes ou de défaillances techniques et n'ont pas d'expérience subjective ou d'intentionnalité.

Les causes des comportements inadéquats sont également différentes. Dans les psychoses humaines, les déséquilibres biochimiques, les prédispositions génétiques et les facteurs environnementaux jouent un rôle. Dans les systèmes d'IA, ce sont souvent la qualité et la représentativité des données d'entraînement ainsi que la précision et la robustesse des algorithmes qui influencent le comportement. Un modèle d'IA peut prendre des décisions biaisées s'il est entraîné sur des données qui contiennent des biais systématiques. De tels biais peuvent amener le modèle à prendre des décisions discriminatoires ou injustes, à l'instar des délires d'une personne psychotique basés sur des croyances erronées.

La résolution et le traitement de ces problèmes diffèrent également. Les psychoses humaines nécessitent souvent des interventions médicales, telles que la psychothérapie et la médication, afin de rétablir l'équilibre biochimique du cerveau et d'atténuer les symptômes psychologiques. Souvent, cela ne réussit pas du tout.

Dans le cas des systèmes d'IA, les comportements erronés nécessitent des mesures telles que le nettoyage et l'amélioration de la qualité des données, l'optimisation des algorithmes et la mise en œuvre de mécanismes de surveillance et de maintenance robustes. Alors que les psychoses humaines nécessitent une compréhension approfondie du contexte individuel et biochimique, la correction des dysfonctionnements de l'IA requiert une expertise technique et des approches systématiques de la correction des erreurs.

Une autre différence réside dans l'évolutivité des solutions. Les psychoses humaines doivent être traitées individuellement, car chaque personne a des symptômes et des causes uniques. Dans le cas des systèmes d'IA, les améliorations systématiques de la qualité des données et de l'architecture des algorithmes peuvent potentiellement être appliquées simultanément à de nombreuses applications et modèles. Un seul modèle amélioré ou un pipeline de données corrigé peut être utilisé dans de nombreux contextes différents, ce qui augmente l'efficacité et l'efficience des solutions.

Les implications éthiques sont également un point de distinction important. Dans le traitement des psychoses humaines, le bien-être et l'autonomie des personnes concernées sont au premier plan, ce qui nécessite des considérations éthiques complexes. Dans le cas des dysfonctionnements de l'IA, les questions éthiques se concentrent sur l'équité, la transparence et la responsabilité des algorithmes et des systèmes. Il est essentiel de veiller à ce que les systèmes d'IA ne prennent pas de décisions discriminatoires ou contraires à l'éthique et que les utilisateurs comprennent comment et pourquoi certaines décisions sont prises.

Ainsi, on peut dire que la comparaison entre les dysfonctionnements de l'IA et les psychoses humaines offre une métaphore claire pour mieux comprendre les défis et les risques des systèmes d'IA. Bien qu'il existe des différences importantes dans les causes, la nature et les méthodes de traitement, les parallèles aident à mettre en évidence les dangers potentiels et la nécessité d'un développement et d'un suivi minutieux des systèmes d'IA. Une compréhension approfondie de ces phénomènes peut contribuer à la mise au point de solutions d'IA plus robustes, plus fiables et plus éthiques, qui répondent aux attentes et aux exigences de la société.

Causes des "psychoses" dans l'IA

Données de formation erronées ou contradictoires

Les causes des "psychoses" en intelligence artificielle peuvent être multiples, mais l'une des principales est l'existence de données d'entraînement erronées ou contradictoires.

Ces problèmes de données peuvent influencer considérablement le comportement des systèmes d'IA et conduire à des résultats imprévisibles ou irrationnels. Les données d'apprentissage constituent la base sur laquelle les modèles d'IA apprennent à reconnaître des modèles et à prendre des décisions. Si ces données ne sont pas de bonne qualité, les modèles qui en résultent peuvent être par conséquent erronés et peu fiables.

Des données de formation erronées peuvent survenir de différentes manières. L'une des raisons les plus fréquentes est la saisie manuelle des données, qui peut entraîner des erreurs de frappe, des entrées incorrectes ou des ensembles de données incomplets. Dans les grands ensembles de données provenant de différentes sources, les incohérences et les erreurs peuvent passer inaperçues et avoir un impact négatif sur les performances du modèle. Un exemple serait un ensemble de données de diagnostic médical qui, en raison d'erreurs manuelles, contiendrait des diagnostics erronés ou des informations incomplètes sur les patients. Lorsqu'un modèle d'IA est entraîné sur de telles données, il peut aboutir à des diagnostics ou des plans de traitement erronés, ce qui peut avoir de graves conséquences pour les patients concernés.

Les données d'apprentissage contradictoires se produisent lorsque les données contiennent des informations incohérentes qui rendent le modèle confus. Cela peut se produire lorsque les données proviennent de différentes sources utilisant des normes et des formats différents, ou lorsqu'elles ont été collectées sur une longue période et reflètent des changements dans les processus ou les systèmes sous-jacents. Par exemple, un ensemble de données sur l'évaluation des produits par les clients pourrait contenir à la fois des évaluations positives et négatives du même produit, sans indiquer clairement les conditions dans lesquelles les évaluations ont été effectuées. Un modèle d'IA entraîné sur de telles données pourrait avoir des difficultés à fournir une évaluation cohérente et émettre des recommandations incohérentes ou contradictoires.

Un autre aspect des données de formation erronées est le biais ou la distorsion qui peut exister dans les données. Ces biais peuvent représenter des erreurs systématiques dans les données, dues à des inégalités historiques ou à des préjugés. Lorsqu'un modèle d'IA est entraîné sur de telles données biaisées, il peut adopter ces biais et les reproduire dans ses prédictions et ses décisions. Un exemple typique est le biais dans les données de candidature, où les données historiques reflètent un désavantage systématique de certains groupes. Un système d'IA entraîné sur de telles données pourrait inconsciemment renforcer ces désavantages et exclure systématiquement certains groupes de candidats.

La qualité des données d'entraînement peut également être affectée par une représentativité insuffisante. Si les données ne reflètent pas toute la diversité du monde réel, le modèle ne peut généraliser que de manière limitée. En d'autres termes, il se comporte bien sur les données d'apprentissage, mais échoue sur des données nouvelles et inconnues. Un exemple serait un algorithme de reconnaissance faciale qui a été formé principalement avec des images de personnes d'une certaine ethnie. Un tel modèle pourrait avoir des difficultés à reconnaître correctement les visages d'autres ethnies, ce qui entraînerait des résultats erronés ou discriminatoires. Ces problèmes peuvent avoir des implications sociales et éthiques importantes, en particulier si les systèmes d'IA sont utilisés dans des applications critiques en termes de sécurité ou socialement sensibles.

Des données de formation erronées ou contradictoires peuvent également résulter d'une préparation et d'un prétraitement insuffisants des données. Le processus de prétraitement des données comprend des étapes telles que le nettoyage des données, la normalisation et la transformation, afin de garantir que les données sont disponibles sous une forme adaptée à l'apprentissage. Si ces étapes ne sont pas effectuées avec soin, des données erronées ou incomplètes peuvent être intégrées dans le modèle et affecter ses performances. Par exemple, des valeurs manquantes dans un ensemble de données dues à un remplissage inapproprié pourraient conduire à des hypothèses erronées qui induiraient le modèle en erreur.

En outre, la dynamique du monde réel peut entraîner des problèmes si les données d'entraînement ne sont pas régulièrement mises à jour. Si un modèle est entraîné sur des données obsolètes qui ne reflètent pas les conditions actuelles, il peut présenter un comportement erroné lorsqu'il est confronté à des données nouvelles et modifiées. Cela est particulièrement pertinent dans des domaines en évolution rapide comme l'analyse des marchés financiers ou la mode, où les tendances et les conditions changent constamment. Un modèle d'IA qui n'est pas régulièrement alimenté par des données actualisées peut faire des prédictions erronées qui ne sont plus pertinentes ou correctes.

Qualité et diversité des données

La qualité et la diversité des données jouent un rôle central dans la prévention des "psychoses" dans les systèmes d'IA, qui peuvent se traduire par des résultats imprévisibles, irrationnels ou illogiques. Si les données sont de mauvaise qualité ou insuffisamment diversifiées, cela peut avoir un impact profond sur la capacité du modèle à faire des prédictions correctes et fiables. Ces problèmes peuvent survenir à différents niveaux et leurs conséquences peuvent être vastes et complexes.

La qualité des données fait référence à la précision, la cohérence, l'exhaustivité et la pertinence des données utilisées pour l'apprentissage des modèles d'IA. Les données de haute qualité sont précises et exemptes d'erreurs ou d'incohérences. Toutefois, si les données sont erronées ou incomplètes, le modèle peut apprendre des schémas erronés et faire des prédictions imprécises.

Un exemple classique est celui du diagnostic médical, où des dossiers de patients incomplets ou erronés peuvent conduire à des diagnostics erronés. Dans le secteur financier, des données erronées pourraient conduire à de mauvaises décisions d'investissement, ce qui pourrait entraîner des pertes financières considérables.

Un autre aspect de la qualité des données est la cohérence des données. Si les données proviennent de différentes sources et utilisent des normes ou des formats différents, des incohérences peuvent apparaître et rendre le modèle confus. Cela peut conduire le modèle à prendre des décisions contradictoires ou illogiques. Par exemple, un modèle de prédiction des préférences des clients pourrait avoir du mal à fournir des résultats cohérents si les données sous-jacentes sont formatées différemment ou si elles sont partiellement incomplètes. Ces incohérences empêchent le modèle d'identifier des modèles clairs et de faire des prédictions correctes.

La qualité des données est également influencée par les distorsions ou les biais qui peuvent être présents dans les données. Ces distorsions peuvent résulter d'inégalités historiques ou d'erreurs systématiques et sont souvent reprises et renforcées par les modèles d'IA.

Par exemple, un algorithme de recrutement basé sur des données historiques pourrait reproduire inconsciemment des préjugés sexuels ou raciaux existants, conduisant à des décisions de recrutement inéquitables ou discriminatoires. De tels biais sont particulièrement problématiques, car ils sont difficiles à détecter et à corriger, mais peuvent avoir des implications sociales et éthiques importantes.

Outre la qualité, la diversité des données joue un rôle important dans la prévention de la "psychose" dans les systèmes d'IA. La diversité des données fait référence à l'éventail des données couvrant différents groupes démographiques, régions géographiques, périodes de temps et autres variables pertinentes. Un manque de diversité dans les données d'apprentissage peut entraîner l'incapacité du modèle à représenter correctement la diversité du monde réel. Il en résulte une mauvaise capacité de généralisation du modèle, qui doit être en mesure de réagir à une grande variété de scénarios et de conditions.

La technologie de reconnaissance faciale est un exemple de la nécessité de diversifier les données. Si les données d'apprentissage sont principalement constituées d'images de personnes d'une ethnie donnée, le modèle pourrait avoir des difficultés à reconnaître correctement les visages de personnes d'autres ethnies. Cela peut entraîner un taux d'erreur plus élevé et des résultats discriminatoires. Des problèmes similaires surviennent dans la reconnaissance vocale lorsque les données d'apprentissage ne comprennent pas différents accents et dialectes. Le modèle pourrait avoir des difficultés à comprendre des locuteurs ayant des origines linguistiques différentes, ce qui se traduirait par une expérience utilisateur moins bonne.

La combinaison d'une mauvaise qualité et d'une diversité insuffisante des données peut entraîner des dysfonctionnements particulièrement graves dans les systèmes d'IA. Les modèles entraînés sur de telles données ont tendance à apprendre des modèles erronés et à fournir des résultats illogiques ou imprévisibles. Ces "psychoses" dans les systèmes d'IA peuvent prendre la forme d'hallucinations, dans lesquelles le modèle génère un contenu ou des résultats qui n'ont aucun fondement dans les données d'entrée. Par exemple, un modèle de génération de texte pourrait, en réponse à une simple requête, produire un texte incohérent ou absurdement long qui n'a aucun sens. De tels résultats ne sont pas seulement déroutants, ils peuvent également saper la confiance des utilisateurs dans la technologie d'IA.

Surajustement (overfitting) et complexité du modèle

Le surajustement (overfitting) et la complexité des modèles sont deux concepts étroitement liés dans le domaine de l'apprentissage automatique, qui ont une influence déterminante sur la performance et la généralisation des modèles d'IA.

Le surajustement se produit lorsqu'un modèle apprend trop précisément les données d'apprentissage, y compris le bruit et les aléas, ce qui entraîne une mauvaise performance sur de nouvelles données inconnues. La complexité du modèle joue ici un rôle central, car les modèles plus complexes ont une plus grande capacité à saisir les détails des données d'apprentissage, ce qui présente à la fois des avantages et des inconvénients.

Un modèle est dit suradapté lorsqu'il apprend si bien les modèles spécifiques et les aléas dans les données d'apprentissage qu'il ne peut plus généraliser avec de nouvelles données. Cela signifie que le modèle saisit non seulement les modèles sous-jacents et pertinents dans les données, mais aussi le bruit et les particularités des données d'apprentissage. De ce fait, le modèle peut être extrêmement performant sur les données d'apprentissage, mais il présente une performance nettement moins bonne lors de la validation ou de l'application à de nouvelles données. Cela est particulièrement problématique, car l'objectif de l'apprentissage automatique est de développer des modèles qui généralisent bien sur de nouvelles données inconnues.

La complexité du modèle fait référence au nombre de paramètres et à la structure du modèle. Un modèle simple a moins de paramètres et une structure plus simple, tandis qu'un modèle complexe peut avoir de nombreux paramètres et une structure profondément imbriquée. Les réseaux neuronaux profonds sont un exemple de modèles très complexes capables d'appréhender des relations hautement dimensionnelles et non linéaires dans les données. Alors que ces modèles ont le potentiel d'être très puissants, ils sont également plus vulnérables au surajustement, car ils ont suffisamment de capacité pour apprendre presque parfaitement les données de formation, y compris le bruit et les aléas.

La principale cause du surajustement est la trop grande flexibilité et capacité du modèle par rapport à la quantité et à la qualité des données d'apprentissage disponibles. Si un modèle a trop de paramètres par rapport au nombre de points de données, il peut apprendre les données d'apprentissage trop précisément. Il en résulte que le modèle n'est pas en mesure de faire la distinction entre les modèles pertinents et le bruit aléatoire. Un exemple serait un réseau neuronal profond formé avec un nombre relativement faible de points de données. Le réseau peut adapter les points de données de manière à prédire parfaitement les données de formation, mais il sera peu performant avec de nouvelles données, car il aura appris le bruit des données de formation.

Il existe plusieurs techniques permettant d'éviter le surajustement et de contrôler la complexité du modèle. Une méthode courante est la régularisation, qui introduit des contraintes ou des pénalités supplémentaires sur les paramètres du modèle afin de limiter leurs valeurs et de réduire ainsi la complexité du modèle. Les techniques de régularisation couramment utilisées comprennent la régularisation L1 et L2, qui contribuent à maintenir les paramètres du modèle plus petits et plus économes, réduisant ainsi le risque de surajustement.

Un autre outil important pour éviter le surajustement est la validation croisée. La validation croisée consiste à diviser le jeu d'apprentissage en plusieurs parties et à entraîner et valider le modèle plusieurs fois, en utilisant à chaque fois une partie comme jeu de validation et les parties restantes comme jeu d'apprentissage. Cela permet de mieux évaluer et d'améliorer la capacité de généralisation du modèle, car celui-ci est testé sur différents sous-ensembles de données. Il fournit une estimation plus robuste de la performance du modèle et contribue à réduire le risque de surajustement.

Le dropout est une technique spécifique utilisée dans les réseaux neuronaux profonds pour éviter la suradaptation. Le dropout consiste à désactiver des neurones choisis au hasard pendant la formation, ce qui empêche le modèle de devenir trop dépendant de certaines voies et connexions. Cela oblige le modèle à apprendre des caractéristiques plus redondantes et plus robustes, qui généralisent mieux. Le dropout réduit la dépendance du modèle vis-à-vis de neurones et de connexions spécifiques et contribue à améliorer la capacité de généralisation.

Choisir le bon niveau de complexité du modèle est un exercice d'équilibre entre le sous-ajustement (underfitting) et le sur-ajustement (overfitting). Le sous-ajustement se produit lorsque le modèle est trop simple et n'a pas la capacité de capturer les modèles sous-jacents dans les données. Il en résulte une mauvaise performance, tant sur les données d'apprentissage que sur les nouvelles données. Un modèle trop simple ne peut pas saisir la complexité des données et fournit donc des prédictions imprécises. Il est important de choisir un modèle suffisamment complexe pour capturer les modèles pertinents dans les données, mais pas assez complexe pour apprendre le bruit et les aléas des données d'apprentissage.

Une bonne compréhension des données et du problème sous-jacent est essentielle pour choisir la bonne complexité de modèle et éviter la suradaptation. Il est important d'analyser les données en profondeur afin de comprendre leur structure et leurs propriétés, puis de choisir un modèle qui correspond à cette structure. En outre, des techniques telles que la régularisation, la validation croisée et le dropout doivent être utilisées pour contrôler la complexité du modèle et réduire le risque de surajustement.

Dans la pratique, cela nécessite souvent des expérimentations itératives et des réglages fins. Les développeurs doivent tester différentes architectures de modèles et combinaisons d'hyperparamètres afin de trouver le meilleur équilibre entre complexité et généralisation. Cela implique de tester et de valider les modèles sur des ensembles de données distincts afin de s'assurer qu'ils se généralisent bien à de nouvelles données inconnues. Une planification minutieuse, un suivi continu et un ajustement des modèles permettent de minimiser le risque de suradaptation et de maximiser la capacité de généralisation.

Les biais de données et leurs conséquences

Types de biais (culturels, démographiques)

Le biais des données, également connu sous le nom de distorsion des données, est un autre problème critique dans le domaine de l'IA, qui peut avoir un impact profond sur les performances et l'équité des systèmes d'IA. Ces biais surviennent lorsque les données utilisées pour entraîner un modèle ne sont pas représentatives de la diversité et de la complexité réelles du monde réel. De tels biais peuvent amener les systèmes d'IA à fournir des résultats imprévisibles ou illogiques, ce qui est souvent décrit comme une "psychose" de l'IA. Différents types de biais, y compris les biais culturels et démographiques, contribuent à ces problèmes et ont des conséquences différentes.

Le biais culturel se produit lorsque les données d'apprentissage sont culturellement biaisées et favorisent donc certaines normes, valeurs ou pratiques culturelles. Cela peut conduire à ce que les systèmes d'IA désavantagent systématiquement certains groupes culturels ou les interprètent mal. Un exemple de biais culturel pourrait être un modèle linguistique qui a été entraîné principalement avec des données issues d'une culture linguistique particulière et qui a des difficultés à interpréter correctement les variantes linguistiques ou l'argot d'autres cultures. Cela peut conduire à des malentendus, des traductions erronées ou des réponses inappropriées qui désavantagent ou irritent les utilisateurs issus de cultures sous-représentées.

Le biais démographique, quant à lui, se produit lorsque les données d'apprentissage sont démographiquement biaisées et que certains groupes de population sont surreprésentés ou sous-représentés. Cela peut conduire les systèmes d'IA à prendre des décisions qui désavantagent systématiquement certains groupes démographiques. Un exemple classique de biais démographique est la technologie de reconnaissance faciale. Si un modèle est principalement entraîné avec des images de personnes d'une certaine ethnie ou d'un certain groupe d'âge, il peut avoir des difficultés à reconnaître correctement les visages de personnes d'autres ethnies ou groupes d'âge. Il en résulte des taux d'erreur plus élevés et des résultats potentiellement discriminatoires, qui peuvent désavantager considérablement les personnes concernées.

L'impact des biais de données sur les performances et l'équité des systèmes d'IA est considérable. Des données biaisées amènent le modèle à apprendre des schémas erronés ou imprécis, ce qui entraîne des prédictions et des décisions erronées ou inéquitables. Cela peut avoir de graves conséquences dans de nombreux domaines, du diagnostic médical à la justice pénale en passant par l'octroi de crédits. Dans le domaine du diagnostic médical, un modèle biaisé pourrait passer à côté de certaines maladies dans certains groupes de population ou les diagnostiquer de manière erronée parce que les données de formation ne représentent pas suffisamment ces groupes. Dans le domaine du crédit, certains groupes démographiques pourraient se voir attribuer systématiquement de moins bonnes évaluations de crédit parce que les données historiques contiennent des biais que le modèle reprend et renforce. Dans le domaine de la justice pénale, certains groupes ethniques pourraient se voir attribuer des probabilités de récidive plus élevées parce que le modèle repose sur des données biaisées qui reflètent des injustices historiques.

Ces biais n'entraînent pas seulement des résultats imprécis ou injustes, ils sapent également la confiance des utilisateurs dans les systèmes d'IA. Lorsque les utilisateurs se rendent compte qu'un système d'IA prend systématiquement des décisions biaisées ou discriminatoires, la confiance dans la technologie et ses applications diminue. Cela peut avoir un impact considérable sur l'acceptation et le succès des systèmes d'IA et entraîner des défis juridiques et réglementaires.

Études de cas de systèmes d'IA présentant des problèmes de biais

Les biais dans les systèmes d'IA sont un problème très répandu qui a un impact considérable sur différentes applications et industries. Il existe plusieurs études de cas bien documentées qui illustrent les risques et les défis que peuvent poser des données et des modèles biaisés. Ces exemples montrent comment les biais peuvent conduire à des résultats discriminatoires et injustes et soulignent la nécessité d'une surveillance attentive et de mécanismes de correction dans le développement de l'IA.

Un exemple bien connu est le système COMPAS (Correctional Offender Management Profiling for Alternative Sanctions), qui a été utilisé aux États-Unis pour prédire la probabilité de récidive des délinquants. Des recherches, notamment une analyse de ProPublica en 2016, ont montré que le système COMPAS prédisait systématiquement des probabilités de récidive plus élevées pour les accusés noirs que pour les accusés blancs, même lorsque les taux de récidive réels étaient comparables. Ce biais résultait des données sous-jacentes, qui reflétaient des inégalités et des préjugés historiques. Il en a résulté un traitement inéquitable des minorités, qui a soulevé de graves préoccupations éthiques et juridiques et a miné la confiance dans l'utilisation de tels systèmes dans la justice pénale.

Une autre étude de cas est le système de reconnaissance faciale d'Amazon, Rekognition, qui est utilisé par plusieurs organismes d'application de la loi. Des études, dont une enquête du MIT Media Lab, ont montré que Rekognition présentait des taux d'erreur significatifs dans la reconnaissance des visages de femmes et de personnes à la peau foncée. Ces divergences ont été attribuées à des distorsions dans les données d'entraînement, qui contenaient principalement des images d'hommes blancs. De tels biais dans les systèmes de reconnaissance faciale peuvent conduire à des identifications erronées et à des traitements injustes, en particulier dans les applications critiques pour la sécurité comme l'application de la loi.

Un autre exemple marquant est l'algorithme de recrutement d'Amazon, qui a été développé pour évaluer les CV et identifier les candidats appropriés pour les offres d'emploi. Il a été constaté que l'algorithme désavantageait systématiquement les candidatures féminines. Cela était dû au fait que le modèle avait été entraîné sur la base de données historiques qui reflétaient un préjugé favorable aux hommes, le secteur technologique étant historiquement dominé par les hommes. L'algorithme a appris à privilégier certains termes et expériences typiquement associés aux candidats masculins, ce qui a conduit à une sélection discriminatoire des candidats. Amazon a finalement cessé d'utiliser cet outil après avoir découvert les distorsions.

Un autre exemple de biais dans les systèmes d'IA est l'algorithme d'évaluation de crédit d'Apple Card, qui est géré par Goldman Sachs. Des rapports publiés en 2019 indiquaient que l'algorithme attribuait systématiquement aux femmes des limites de crédit inférieures à celles de leurs partenaires masculins, même si les deux avaient des profils financiers similaires. Cela a donné lieu à une controverse publique et à une enquête des autorités de surveillance. Les distorsions dans les évaluations de crédit ont été attribuées à des données et modèles historiques contenant des biais liés au genre, et ont mis en évidence les vastes implications des biais dans les services financiers.

Dans le domaine du diagnostic médical, il existe également des exemples de biais dans les systèmes d'IA. Un exemple connu est un algorithme développé pour évaluer la nécessité d'examens complémentaires chez les patients souffrant de maladies respiratoires. Des études ont montré que le modèle était moins précis pour les patients à la peau foncée, car les données d'entraînement provenaient principalement de patients à la peau claire. Ce biais a entraîné un traitement inégal et des résultats sanitaires potentiellement moins bons pour les groupes sous-représentés. De tels exemples soulignent la nécessité de disposer de données d'entraînement diversifiées et représentatives afin de développer des algorithmes médicaux équitables et précis.

Une autre étude de cas concerne des modèles linguistiques tels que GPT-3, développé par OpenAI. Des recherches ont montré que le modèle peut générer certains contenus racistes, sexistes et autres discriminations, sur la base des données sur lesquelles il a été entraîné. Ces biais reflètent les préjugés présents dans les vastes corpus de textes à partir desquels le modèle apprend. L'impact potentiel est vaste, car ces modèles linguistiques sont utilisés dans diverses applications, des chatbots aux outils de génération de contenu automatisés, et risquent donc de propager et d'amplifier ces biais.

Ces études de cas illustrent les multiples conséquences des biais dans les systèmes d'IA. Ils montrent que les biais dans les données d'apprentissage et les modèles peuvent conduire à des résultats discriminatoires et injustes, avec des conséquences éthiques, juridiques et sociales importantes. Pour éviter ces problèmes et y remédier, il est nécessaire de sélectionner soigneusement les données, de procéder à des vérifications et validations régulières et de développer et mettre en œuvre des algorithmes de correction des biais. En outre, la sensibilisation et la formation des développeurs et des décideurs sont essentielles pour faire prendre conscience des risques et des effets potentiels des biais et pour garantir que les systèmes d'IA sont utilisés de manière équitable et responsable.

Sensibilité aux erreurs de saisie

La vulnérabilité des systèmes d'IA aux entrées erronées est une autre cause centrale du phénomène de "psychose" de l'IA, dans lequel le comportement de l'IA semble imprévisible, irrationnel ou illogique. Cette vulnérabilité signifie que même des erreurs ou des écarts mineurs dans les données d'entrée peuvent conduire le modèle à fournir des résultats erronés ou bizarres. Cette vulnérabilité est particulièrement problématique dans les applications critiques en matière de sécurité, où des prédictions précises et fiables sont essentielles.

Les entrées erronées peuvent provenir de différentes sources. Par exemple, les capteurs qui fournissent des données au système d'IA peuvent être défectueux et générer des informations erronées ou déformées. Cela est particulièrement pertinent dans des domaines tels que la technologie des véhicules autonomes, où des capteurs tels que des caméras, des lidars et des radars collectent en permanence des données sur l'environnement. Une petite erreur dans l'un de ces capteurs, comme un mauvais étalonnage ou un encrassement de la lentille, peut conduire à des perceptions erronées. Un véhicule autonome pourrait interpréter une ombre inoffensive comme un obstacle et freiner brusquement, ce qui pourrait conduire à des situations dangereuses. Cela montre à quel point de tels systèmes peuvent être sensibles à des entrées erronées.

Un autre exemple est le traitement des images, où les moindres changements dans les valeurs des pixels peuvent influencer considérablement les résultats d'un modèle. Un modèle de classification d'image pourrait aboutir à des prédictions erronées ou absurdes en raison du bruit ou de modifications mineures de l'image. Cela pourrait être dû à différents facteurs, tels que la compression de l'image, les changements d'éclairage ou les perturbations aléatoires des pixels. Une image de chien pourrait soudainement être classée comme chat simplement parce que l'image a été légèrement modifiée. Cette sensibilité montre que le modèle n'est pas assez robuste pour gérer de telles variations, ce qui conduit à des résultats imprévisibles.

Les systèmes d'IA de traitement de texte sont également vulnérables aux entrées erronées. Une petite erreur typographique ou une formulation inhabituelle peut amener le modèle à mal interpréter le contexte ou la signification d'un texte. Un assistant vocal pourrait réagir à une demande mal écrite ou incomplète par une réponse inappropriée ou dénuée de sens. Ce type d'interprétation erronée peut être particulièrement frustrant pour les utilisateurs et saper la confiance dans la technologie.

Des entrées erronées peuvent également résulter d'attaques malveillantes, appelées attaques adverses. Ces attaques consistent à apporter volontairement de petites modifications aux données d'entrée afin de tromper le modèle et de provoquer des prédictions erronées. Par exemple, les pixels d'une image peuvent être manipulés de manière à ce que le modèle identifie un panneau de stop comme un panneau de priorité, ce qui peut conduire à des situations potentiellement dangereuses. Ce type d'attaque montre à quel point des entrées erronées peuvent facilement saper la robustesse et la fiabilité d'un modèle.

Un autre problème est le manque de capacité de nombreux modèles à traiter les informations contextuelles. Un modèle qui n'est pas en mesure de prendre en compte de manière adéquate le contexte d'une entrée peut facilement être confondu par des données atypiques ou erronées. Par exemple, un système d'IA analysant des données médicales pourrait interpréter des symptômes et des résultats de tests sans tenir compte du contexte clinique, et donc poser des diagnostics erronés. Un algorithme médical pourrait classer un symptôme inhabituel mais bénin comme une maladie grave simplement parce que les données d'entrée ne sont pas complètes ou contextuellement appropriées.

Les conséquences de cette vulnérabilité sont importantes. Dans les applications critiques pour la sécurité, des entrées erronées peuvent conduire à des situations dangereuses qui mettent en péril la sécurité des personnes. Dans les diagnostics médicaux, elles peuvent conduire à des diagnostics et des plans de traitement erronés, ce qui nuit à la santé et au bien-être des patients. Dans les applications financières, des entrées erronées peuvent conduire à des prévisions et des décisions d'investissement incorrectes, ce qui peut entraîner des pertes financières considérables. Ces problèmes soulignent la nécessité d'améliorer la robustesse et la fiabilité des systèmes d'IA.

Plusieurs mesures sont nécessaires pour réduire cette vulnérabilité aux entrées erronées. Un prétraitement minutieux des données est essentiel pour minimiser le bruit et les erreurs dans les données d'entrée. Cela comprend des techniques telles que le filtrage et la normalisation des données, ainsi que la mise en œuvre d'algorithmes de détection et de correction des erreurs. Le développement et la mise en œuvre de modèles robustes, moins sensibles aux petites modifications des données d'entrée, sont également essentiels. Cela inclut des techniques telles que l'augmentation des données, la régularisation et l'utilisation d'architectures de modèles robustes qui améliorent la capacité de généralisation.

Une autre approche importante est la surveillance et la validation continues des modèles en fonctionnement. Les modèles doivent être vérifiés régulièrement pour s'assurer qu'ils fonctionnent de manière robuste et fiable, même dans des conditions changeantes et avec de nouvelles données. Cela implique la mise en œuvre de mécanismes de détection et de correction des dysfonctionnements, ainsi que l'adaptation des modèles aux nouvelles données et conditions.

Enfin, la formation et la sensibilisation des développeurs et des décideurs sont essentielles. Il est essentiel que tous les acteurs comprennent les risques et les effets potentiels des entrées erronées et soient en mesure de prendre les mesures appropriées pour améliorer la robustesse et la fiabilité des modèles. Cela implique une formation et des directives sur le développement de systèmes d'IA robustes et fiables, ainsi que la mise en place d'équipes interdisciplinaires apportant des perspectives et des expertises différentes.

Importance de la robustesse pour la fiabilité

La robustesse d'un système d'IA est d'une importance cruciale pour sa fiabilité et joue un rôle central dans la prévention de la "psychose" en matière d'IA. Par robustesse, on entend la capacité d'un modèle à fonctionner de manière stable et cohérente dans différentes conditions, y compris lorsqu'il est confronté à des entrées inattendues, à du bruit ou à d'autres perturbations. Un système d'IA robuste peut réagir efficacement aux variations des données et fournir des résultats fiables même dans des conditions incertaines ou variables. Cela est particulièrement important pour garantir la confiance dans les systèmes d'IA et soutenir leur utilisation dans des applications critiques.

Un système d'IA robuste est moins sujet aux erreurs et peut faire des prédictions plus fiables, même si les données d'entrée sont erronées ou incomplètes. C'est un point crucial, car la qualité des données d'entrée peut varier dans de nombreuses applications réelles. Les capteurs peuvent fournir des données erronées, les utilisateurs peuvent faire des erreurs de saisie et les conditions environnementales peuvent changer. Un système robuste peut relever ces défis et fournir des performances stables, minimisant ainsi le risque d'erreurs de comportement et de résultats imprévisibles.

L'importance de la robustesse se manifeste clairement dans la technologie des véhicules autonomes. Les véhicules autonomes dépendent de la prise de décisions précises et fiables en temps réel pour pouvoir naviguer en toute sécurité. Un modèle robuste peut gérer de petites erreurs dans les données des capteurs, comme l'apparition d'ombres, de pluie ou de brouillard, tout en prenant des décisions correctes. Si un modèle n'est pas robuste, il peut facilement être déséquilibré par de telles perturbations, ce qui peut entraîner des manœuvres dangereuses telles que des freinages brusques ou des évitements. Cela met en danger non seulement les occupants du véhicule, mais aussi les autres usagers de la route.

Un autre exemple de l'importance de la robustesse est le diagnostic médical. Dans ce domaine, les systèmes d'IA doivent fournir des diagnostics précis et fiables, souvent basés sur des données médicales différentes et parfois incomplètes. Un modèle robuste peut gérer des données de qualité variable tout en fournissant des diagnostics précis. Si un modèle n'est pas robuste, il peut donner des diagnostics erronés lorsqu'il est confronté à des données incomplètes ou légèrement erronées. Cela peut avoir de graves conséquences pour les patients, notamment des traitements inappropriés et des processus de guérison retardés.

Dans le secteur financier, la robustesse des systèmes d'IA joue également un rôle crucial. Les marchés financiers sont dynamiques et influencés par de nombreux facteurs imprévisibles. Un modèle robuste peut faire des prévisions et prendre des décisions stables dans différentes conditions de marché, ce qui est essentiel pour le succès et la fiabilité des stratégies financières. Un modèle non robuste pourrait être dépassé par des changements inattendus sur le marché, ce qui pourrait entraîner des pertes financières considérables.

La robustesse des systèmes d'IA est également cruciale pour la confiance et l'acceptation de tels systèmes. Si les utilisateurs savent qu'un système d'IA fournit des résultats fiables même dans des conditions variables, la confiance dans la technologie augmente. Ceci est particulièrement important dans les applications critiques en termes de sécurité, où les conséquences d'un mauvais comportement peuvent être graves. Un système robuste signale aux utilisateurs qu'il fonctionne de manière fiable même dans des situations inattendues, ce qui favorise l'acceptation et la confiance dans la technologie.

Le développement de systèmes d'IA robustes nécessite une modélisation et une validation minutieuses. Cela implique l'utilisation de données d'apprentissage variées et représentatives, qui reflètent la diversité et la complexité du monde réel. L'intégration de techniques d'augmentation des données permet de rendre les modèles plus robustes face aux variations des données d'entrée. Les techniques de régularisation permettent de contrôler la complexité du modèle et d'éviter le surajustement, ce qui améliore la capacité de généralisation du modèle.

Un autre aspect important de la robustesse est la surveillance et la maintenance continues des modèles après leur déploiement. Les environnements dans lesquels les systèmes d'IA sont déployés peuvent évoluer au fil du temps, et de nouvelles données peuvent entraîner de nouveaux défis. Des mises à jour et des ajustements réguliers des modèles sont nécessaires pour s'assurer qu'ils continuent à fonctionner de manière robuste et fiable. Cela implique la mise en œuvre de mécanismes de détection et de correction des erreurs de comportement, ainsi que l'adaptation des modèles aux nouvelles données et conditions.

La robustesse peut également être améliorée par l'utilisation de méthodes d'assemblage, qui combinent plusieurs modèles afin de stabiliser les performances globales. Ces méthodes exploitent les points forts de différents modèles et réduisent la probabilité qu'un seul modèle échoue en raison de variations dans les données. L'assemblage peut contribuer à améliorer la fiabilité et la stabilité des prédictions et à réduire la vulnérabilité aux entrées erronées.

Conséquences et risques de l'IA psychotique

Impact sur les décisions et les systèmes

L'une des conséquences les plus graves de la "psychose de l'IA" est la perte de confiance dans la technologie. Lorsque les modèles d'IA prennent des décisions erronées ou font preuve de partialité, les utilisateurs et les organisations perdent confiance dans les systèmes. Cela peut entraîner une baisse de l'acceptation et de l'utilisation des technologies d'IA et nuire considérablement à leur utilité et à leur efficacité. Une telle méfiance peut avoir des répercussions dans tous les domaines où l'IA est utilisée, de la médecine à la finance en passant par la justice pénale.

Les inégalités sociales peuvent être renforcées par les préjugés des systèmes d'IA. Lorsque les algorithmes sont entraînés sur des données biaisées, ils perpétuent les discriminations et les injustices existantes. Des risques similaires existent dans d'autres domaines tels que les ressources humaines, les prêts et les soins de santé, où les algorithmes biaisés peuvent avoir un impact négatif sur les opportunités et la qualité de vie des groupes défavorisés.

Un autre défi des systèmes d'IA est le manque de transparence et de responsabilité. De nombreux modèles d'IA, en particulier ceux qui sont basés sur l'apprentissage profond, sont complexes et difficiles à interpréter. Cette nature de "boîte noire" des modèles rend difficile le suivi des décisions et l'attribution des responsabilités. En cas de mauvaise décision, il est souvent difficile de déterminer qui peut être tenu pour responsable, ce qui complique considérablement le contrôle juridique et éthique de la technologie.

En outre, les psychoses de l'IA peuvent présenter des risques directs pour la sécurité. Dans les applications critiques pour la sécurité, telles que la conduite autonome ou le diagnostic médical, les erreurs de décision peuvent entraîner des dommages physiques, voire la perte de vies humaines. Cela souligne la nécessité de protocoles de sécurité et de test stricts pour les systèmes d'IA afin de s'assurer qu'ils fonctionnent de manière fiable et sûre dans des situations critiques.

L'impact des psychoses de l'IA sur la prise de décision dans les entreprises est également considérable. Les entreprises qui utilisent l'IA pour prendre des décisions doivent tenir compte des risques de psychose de l'IA, car les mauvaises décisions peuvent avoir des conséquences financières et de réputation importantes. C'est pourquoi de nombreuses entreprises investissent dans des mécanismes de validation et de surveillance robustes afin de garantir l'intégrité de leurs modèles d'IA et de minimiser le risque de mauvaises décisions.

Au niveau réglementaire et éthique, les défis posés par les psychoses de l'IA ont déjà conduit au développement de cadres plus stricts. Les gouvernements et les organisations internationales travaillent à l'élaboration de directives visant à garantir la transparence, l'équité et la sécurité des systèmes d'IA. Ces mesures comprennent également des exigences en matière de documentation et d'explication des processus de décision par l'IA, afin de garantir que les systèmes fonctionnent de manière compréhensible et responsable.

Mauvaises décisions dans des domaines sensibles (p. ex. justice, médecine)

Les mauvaises décisions dans des domaines sensibles tels que la justice et la médecine, provoquées par des phénomènes erratiques de l'IA, sont particulièrement inquiétantes. Les "psychoses de l'IA" - c'est-à-dire les décisions erronées ou biaisées prises par les systèmes d'IA - ont le potentiel de saper considérablement la confiance dans ces technologies et d'avoir de graves conséquences pour les individus concernés et la société dans son ensemble.

Dans le domaine de la justice, l'utilisation de systèmes d'IA pour prédire les probabilités de récidive ou pour aider à la prise de décision sur les refus de caution et les peines peut avoir un impact profond. Les algorithmes formés sur des données historiques reflètent souvent les préjugés et les injustices présents dans ces données. Cela peut conduire à désavantager systématiquement certains groupes de population, notamment les minorités. Par exemple, si un système d'IA indique une probabilité plus élevée pour les membres de certains groupes ethniques lors de la prédiction de la probabilité de récidive, en se basant sur les données historiques d'arrestation et de condamnation, il perpétue les inégalités existantes dans le système de justice pénale. Cela peut conduire à des peines plus sévères et à des périodes d'emprisonnement plus longues pour ces groupes, ce qui renforce encore l'injustice sociale et sape la confiance dans le système judiciaire.

Dans le domaine médical, les mauvaises décisions prises par les systèmes d'IA peuvent être tout aussi dévastatrices. L'IA est de plus en plus utilisée pour diagnostiquer les maladies, prédire leur évolution et aider à la prise de décision en matière de traitement. Toutefois, si les données sous-jacentes sur lesquelles ces systèmes ont été formés contiennent des biais ou des inexactitudes, les diagnostics et les recommandations qui en résultent peuvent être tout aussi erronés. Un exemple serait un système d'IA qui, en raison de données incomplètes ou biaisées, interprète certains symptômes chez les femmes ou les minorités ethniques comme moins susceptibles d'être des indicateurs de maladies graves. Cela peut conduire à passer à côté de maladies graves ou à les diagnostiquer de manière erronée, ce qui entraîne un traitement insuffisant ou inapproprié. Les conséquences pour la santé des patients peuvent être graves, y compris l'aggravation des maladies, voire le décès, si les traitements vitaux ne sont pas administrés à temps.

Ces mauvaises décisions sont encore aggravées par la nature de "boîte noire" de nombreux modèles d'IA. La complexité et l'opacité des algorithmes font qu'il est souvent difficile de comprendre les raisons de certaines décisions. Dans le domaine de la justice, cela peut signifier qu'un accusé ou sa défense ne peut pas comprendre pourquoi un score de risque donné a conduit à une peine plus sévère. En médecine, les médecins et les patients peuvent ne pas comprendre pourquoi un diagnostic particulier a été posé ou un traitement recommandé, ce qui sape encore davantage la confiance dans le système de santé.

En outre, ces décisions erronées posent des défis éthiques et juridiques. Qui est responsable lorsqu'il est prouvé qu'une décision basée sur l'IA est erronée et conduit à un jugement injuste ou à un diagnostic médical erroné ? L'attribution de la responsabilité devient particulièrement difficile lorsque la prise de décision repose sur des algorithmes complexes développés et mis en œuvre par différents acteurs. Cela nécessite un examen attentif des principes éthiques et la mise en place d'un cadre réglementaire clair afin de garantir que les systèmes d'IA soient transparents et responsables.

Dommages économiques potentiels

Les dommages économiques potentiels dus à des décisions erronées et à des préjugés peuvent également être considérables.

Un risque important est que des décisions erronées prises par des systèmes d'IA dans des entreprises puissent entraîner des pertes financières considérables. Par exemple, si un système d'IA est utilisé dans le secteur financier pour prendre des décisions de trading, une analyse erronée ou un parti pris dans les données sous-jacentes peut conduire à des décisions d'investissement sous-optimales. Cela peut entraîner des pertes financières considérables pour les entreprises et les investisseurs. De la même manière, les modèles de scoring de crédit basés sur l'IA qui contiennent des biais peuvent conduire à des prédictions erronées de pertes de crédit, ce qui nuit aux pratiques d'octroi de crédit et augmente le risque de pertes de crédit.

En outre, des décisions erronées en matière de planification de la chaîne d'approvisionnement et de la logistique, basées sur des analyses IA incorrectes, peuvent entraîner des dommages économiques considérables. Si un système d'IA fait des prévisions erronées sur la demande ou les délais de livraison, il peut en résulter une gestion inefficace des stocks, des surstocks ou des pénuries de livraison. Cela n'affecte pas seulement directement les entreprises concernées, mais peut également entraîner des ruptures dans l'ensemble de la chaîne d'approvisionnement, ce qui nuit à l'activité économique dans différents secteurs.

Le manque de transparence et d'explicabilité de nombreux modèles d'IA aggrave ces problèmes. Si les entreprises ne comprennent pas parfaitement les processus décisionnels de leurs systèmes d'IA, elles sont moins en mesure d'identifier et de corriger les erreurs potentielles. Cela peut conduire à une réaction en chaîne de mauvaises décisions qui ont un impact négatif sur la performance économique globale.

Un autre préjudice économique important peut résulter de conséquences juridiques et réglementaires. Si des entreprises enfreignent des dispositions légales ou des normes éthiques en raison de décisions erronées en matière d'IA, elles peuvent être confrontées à de lourdes amendes et à des demandes de dommages et intérêts. Cela est particulièrement pertinent dans les secteurs hautement réglementés tels que le secteur financier, la santé et la protection des données. De telles conséquences juridiques peuvent non seulement entraîner des dommages financiers immédiats, mais aussi nuire durablement à la réputation d'une entreprise et saper la confiance des clients et des investisseurs.

En outre, l'introduction de systèmes d'IA erronés ou biaisés peut entraîner une perte de confiance chez les consommateurs. Si les clients ont le sentiment d'être traités de manière injuste par les décisions d'IA, que ce soit pour les décisions de crédit, les demandes d'assurance ou les services personnalisés, cela peut entraîner une fuite des clients et une baisse des ventes. Les entreprises doivent donc s'assurer que leurs systèmes d'IA sont équitables, transparents et fiables afin de gagner et de conserver la confiance des clients.

long terme, les dommages économiques causés par la "psychose de l'IA" peuvent également nuire à la capacité d'innovation et à la compétitivité des entreprises et de secteurs entiers. Si les entreprises hésitent à utiliser ou à développer les technologies d'IA parce qu'elles craignent les risques potentiels, cela peut nuire au progrès technologique et à la compétitivité au niveau mondial. Cela est particulièrement pertinent à une époque où l'innovation technologique est un moteur de la croissance économique et du développement.

Acceptation sociale de l'IA

L'acceptation sociale de l'intelligence artificielle est un sujet difficile qui est influencé par différents facteurs. Il s'agit notamment de la confiance dans la technologie, de la perception de l'équité et de l'éthique des applications, ainsi que de la transparence et de l'explicabilité des processus décisionnels. Pour favoriser l'acceptation de l'IA dans la société, ces facteurs doivent être soigneusement adressés.

Tout d'abord, la confiance joue un rôle décisif. L'acceptation à grande échelle de l'IA dépend en grande partie de la confiance que l'on accorde à la technologie. La confiance naît de processus transparents, de voies décisionnelles compréhensibles et de performances fiables. Si les systèmes d'IA sont en mesure de fournir des résultats cohérents et corrects, la confiance des utilisateurs augmente. Cela est particulièrement important dans des domaines critiques tels que la santé, la justice et la finance, où les mauvaises décisions peuvent avoir de graves conséquences. Un système d'IA digne de confiance doit être compréhensible, de sorte que les utilisateurs puissent comprendre comment et pourquoi certaines décisions sont prises. Cette explicabilité contribue à renforcer la confiance et à favoriser l'acceptation.

Un autre facteur important est la perception de l'équité et de l'éthique des applications de l'IA. L'acceptation sociale dépend fortement du fait que les gens croient que l'IA agit de manière juste et impartiale. Les préjugés historiques et les discriminations intégrés dans les données d'apprentissage peuvent conduire à des décisions biaisées qui désavantagent systématiquement certains groupes. Cela peut considérablement miner la confiance dans la technologie. Pour éviter cela, les développeurs doivent s'assurer que les systèmes d'IA sont entraînés sur des ensembles de données variés et représentatifs. De plus, des mécanismes de détection et d'atténuation des biais devraient être mis en œuvre afin de garantir des décisions justes et équitables.

La transparence et l'explicabilité des systèmes d'IA sont également essentielles pour leur acceptation sociale. Les personnes doivent être en mesure de comprendre les processus de décision de l'IA afin de développer leur confiance dans la technologie. Cela nécessite non seulement des solutions techniques, mais aussi des stratégies de communication claires qui expliquent de manière compréhensible le fonctionnement de l'IA. L'éducation et la sensibilisation jouent un rôle central à cet égard. Des programmes éducatifs ciblés permettent de dissiper les malentendus et les craintes et de mieux comprendre les possibilités et les limites de l'IA. Un public informé est plus enclin à accepter et à soutenir les applications de l'IA.

Les implications éthiques de l'utilisation de l'IA doivent également être soigneusement prises en compte. Cela inclut le respect des règles de protection des données et l'utilisation responsable des données personnelles. La société doit veiller à ce que l'utilisation de l'IA soit conforme aux normes et aux valeurs éthiques. Cela peut être réalisé par le développement et la mise en œuvre de politiques et de normes éthiques qui encouragent l'utilisation responsable de l'IA. Les régulateurs et les décideurs politiques ont un rôle important à jouer à cet égard en créant des cadres qui garantissent une utilisation éthique de l'IA.

Un autre élément qui influence l'acceptation sociale de l'IA est l'intégration de la technologie dans la vie quotidienne. Plus les gens font des expériences positives avec des applications d'IA, plus la probabilité qu'ils acceptent la technologie est élevée. Cela peut être favorisé par des conceptions conviviales et des interfaces intuitives qui permettent aux gens d'interagir plus facilement avec les systèmes d'IA. Les applications réussies dans des domaines tels que les assistants vocaux, les recommandations personnalisées et les services automatisés peuvent contribuer à augmenter l'acceptation en démontrant l'utilité et les avantages de l'IA dans la vie quotidienne.

Enfin, la perception du public et la couverture médiatique jouent un rôle important dans l'acceptation de l'IA par la société. Les reportages sensationnels sur les dangers potentiels et les abus de l'IA peuvent attiser les craintes et réduire l'acceptation.

Confiance dans les systèmes d'IA

La confiance dans les systèmes d'IA est une question centrale, en particulier dans le contexte de ce que l'on appelle les "psychoses de l'IA". Ces psychoses, qui peuvent être décrites comme des décisions erronées ou biaisées prises par les systèmes d'IA, ont le potentiel de saper considérablement la confiance dans ces technologies.

Tout d'abord, la transparence des systèmes d'IA est un facteur essentiel de la confiance. La transparence signifie que les processus de décision de l'IA sont compréhensibles et suivis. Ceci est particulièrement important lorsqu'il s'agit d'algorithmes complexes basés sur un apprentissage profond.

Un autre aspect critique est l'équité des systèmes d'IA. La confiance ne s'établira que si les gens peuvent être sûrs que les décisions prises par l'IA sont justes et impartiales. Le défi réside dans le fait que les systèmes d'IA sont formés sur des données historiques qui peuvent contenir des biais et des préjugés. Ces préjugés peuvent être intégrés dans les modèles et ensuite reproduits dans les décisions de l'IA. Pour s'attaquer à ce problème, les développeurs doivent s'assurer que les données d'entraînement sont représentatives et équilibrées. En outre, des algorithmes doivent être utilisés pour détecter et corriger les biais. Des techniques telles que la "Bias Mitigation" et les "Fairness Constraints" peuvent contribuer à améliorer l'équité des systèmes d'IA et ainsi à renforcer la confiance des utilisateurs.

La fiabilité et la robustesse des systèmes d'IA sont également essentielles à la confiance. Les utilisateurs doivent pouvoir être sûrs que l'IA prendra des décisions cohérentes et correctes dans différentes conditions. Cela nécessite des tests et des validations approfondis des modèles afin de s'assurer qu'ils fonctionnent de manière fiable dans la pratique. Une IA robuste doit être capable de gérer des entrées et des situations inattendues sans prendre de décisions erronées ou dangereuses.

Un autre élément clé est la conception et l'utilisation éthiques de l'IA. La confiance ne s'installe que si les gens peuvent être sûrs que la technologie est utilisée conformément à des normes éthiques. Cela inclut la protection de la vie privée et l'utilisation responsable des données personnelles. En outre, des directives éthiques devraient être développées et mises en œuvre afin de promouvoir l'utilisation responsable de l'IA. Ces directives devraient aborder les questions d'équité, de transparence et de responsabilité et veiller à ce que la technologie soit utilisée pour le bien de la société.

Importance de la confiance pour l'acceptation

La confiance joue un rôle central dans l'acceptation de l'IA par la société. Sans confiance dans la technologie, ses processus et ses résultats, il est peu probable que les personnes et les organisations utilisent les systèmes d'IA à grande échelle. L'importance de la confiance pour l'acceptation de l'IA peut être considérée sous plusieurs aspects importants.

Tout d'abord, la confiance est la clé pour surmonter le scepticisme et la résistance aux nouvelles technologies. L'intelligence artificielle, en particulier les formes avancées telles que l'apprentissage automatique et les réseaux neuronaux, peut sembler effrayante ou opaque pour de nombreuses personnes. Lorsque les gens ont l'impression de ne pas comprendre le fonctionnement et les processus décisionnels de l'IA, ils ont tendance à se méfier de ces technologies et à les rejeter. La confiance naît de la transparence et de la traçabilité, qui aident les utilisateurs à comprendre les mécanismes derrière l'IA. Lorsque les utilisateurs voient que la technologie est transparente et explicable, ils sont plus enclins à l'accepter et à l'utiliser.

Un autre élément important est la perception de la fiabilité et de la précision des systèmes d'IA. Dans les applications critiques, telles que le diagnostic médical ou le contrôle de véhicules autonomes, la confiance dans la précision et la fiabilité de l'IA est essentielle. Des décisions erronées ou imprécises peuvent non seulement entraîner des pertes financières considérables, mais aussi mettre en danger des vies humaines. Si les utilisateurs peuvent avoir confiance dans la précision et la fiabilité des systèmes d'IA, ils seront plus enclins à accepter ces technologies et à les utiliser dans des domaines importants.

L'équité et l'éthique sont également d'une grande importance pour la confiance et l'acceptation de l'IA. Les sociétés sont de plus en plus préoccupées par les implications éthiques de l'IA, notamment en ce qui concerne les préjugés et la discrimination. Si les systèmes d'IA sont perçus comme injustes ou biaisés, cela sape la confiance des utilisateurs et peut conduire à un rejet généralisé de la technologie. Les développeurs et les fournisseurs d'IA doivent s'assurer que leurs systèmes fonctionnent de manière équitable et impartiale, en utilisant des ensembles de données diversifiés et représentatifs et en mettant en œuvre des mécanismes d'atténuation des biais. Des directives et des normes éthiques sont également nécessaires pour garantir que les systèmes d'IA fonctionnent en accord avec les valeurs morales de la société.

La confiance favorise également l'innovation et la volonté d'essayer de nouvelles technologies. Lorsque les personnes et les organisations ont confiance dans la sécurité et la fiabilité de l'IA, elles sont plus enclines à investir dans ces technologies et à les tester dans différents domaines. Cela peut conduire à une diffusion et à une acceptation plus rapides de l'IA, tout en renforçant la capacité d'innovation et la compétitivité des entreprises et des pays.

En outre, la confiance joue un rôle essentiel dans l'intégration sociale et l'acceptation à long terme de l'IA. Dans un monde de plus en plus numérisé, où l'IA joue un rôle de plus en plus important, il est essentiel que toutes les parties de la société aient accès à ces technologies et aient confiance en elles. Cela nécessite un travail d'éducation et de sensibilisation ciblé afin de favoriser la compréhension et la confiance dans l'IA. Un public bien informé et éduqué est plus enclin à profiter des avantages de l'IA et à exploiter pleinement son potentiel.

Conséquences de la perte de confiance

Une perte de confiance dans l'intelligence artificielle peut avoir des conséquences importantes à différents niveaux de la société et de l'économie.

Tout d'abord, une perte de confiance entraîne une baisse de l'acceptation et de l'utilisation des technologies d'IA. Les entreprises peuvent hésiter à investir dans l'IA ou à l'utiliser dans des domaines critiques tels que la santé, la finance ou la justice pénale. Un autre aspect important est le préjudice économique qui peut résulter d'une perte de confiance. Les entreprises qui dépendent fortement de l'IA peuvent subir des pertes financières considérables si leurs clients ou partenaires perdent confiance dans leurs systèmes. Dans la perception du public, une perte de confiance dans l'IA peut également entraîner un scepticisme plus large à l'égard des innovations technologiques. Si le public perd confiance en l'IA, il peut en résulter une réticence générale à l'égard des nouvelles technologies et des innovations. Ce scepticisme peut avoir un effet négatif sur la volonté d'accepter et d'utiliser les nouvelles technologies, ce qui peut freiner le progrès technologique dans son ensemble.

En outre, une perte de confiance dans les systèmes d'IA peut nuire à la capacité d'innovation et aux progrès de la recherche dans ce domaine. Si les chercheurs et les développeurs ont le sentiment que leur travail n'est pas accepté ou soutenu à grande échelle, cela pourrait réduire leur motivation et leur engagement dans la recherche sur l'IA. Un autre aspect important est la dimension éthique et sociale d'une perte de confiance dans l'IA. Si les systèmes d'IA sont perçus comme inéquitables ou discriminatoires, cela peut exacerber les tensions et les inégalités sociales. La perception que certains groupes ou individus sont systématiquement désavantagés peut saper la confiance de la société dans les systèmes technologiques et institutionnels. Cela pourrait conduire à une polarisation accrue et à une perte de cohésion sociale, ce qui pourrait avoir de graves conséquences sociales et politiques.

Stratégies de prévention et de contrôle

Validation et nettoyage des données

La prévention et le contrôle des décisions erronées par l'intelligence artificielle exigent avant tout une validation et un nettoyage minutieux des données.

La base de toute application d'IA est la qualité des données sur lesquelles les algorithmes sont entraînés. La validation et le nettoyage des données sont donc essentiels pour garantir que les ensembles de données sont exempts d'erreurs, de distorsions et d'anomalies.

Cela commence par un examen approfondi des données brutes. Il faut vérifier que les données sont complètes et cohérentes. Des données manquantes ou incohérentes peuvent conduire à des conclusions erronées et nuire aux performances du système d'IA. Un processus de validation minutieux permet de s'assurer que toutes les données pertinentes sont correctement collectées et documentées.

Le nettoyage des données est l'étape critique suivante. Il s'agit d'identifier et de supprimer les données erronées, non pertinentes ou en double. Ce processus permet d'améliorer la précision et la qualité de l'ensemble des données. Un exemple serait la suppression des valeurs aberrantes ou des points de données qui sont nettement en dehors de la plage normale et qui pourraient fausser l'analyse. En outre, il est important que la représentation des données soit équilibrée. Un ensemble de données inégal, qui surreprésente ou sous-représente certains groupes ou caractéristiques, peut conduire à un modèle d'IA biaisé. Le nettoyage doit donc garantir que les données sont diverses et représentatives afin de favoriser des décisions justes et équilibrées.

Un autre aspect de la validation et du nettoyage des données est la vérification des biais et des distorsions systématiques. Les données historiques contiennent souvent des préjugés inconscients qui peuvent être intégrés dans les modèles d'IA. Ces biais peuvent avoir un impact négatif sur la prise de décision et désavantager systématiquement certains groupes. Pour éviter cela, les données doivent être vérifiées pour différents types de biais, tels que les biais de genre, de race ou d'âge. Des techniques telles que les contrôles d'équité et les stratégies de mitigation des biais peuvent aider à identifier et à corriger ces biais. Une surveillance continue des données et des modèles est nécessaire pour s'assurer que de nouveaux biais ne sont pas introduits.

L'enrichissement des données est un processus complémentaire à la validation et au nettoyage, qui consiste à intégrer des informations pertinentes supplémentaires dans l'ensemble de données afin d'améliorer l'analyse. Cela peut se faire, par exemple, par l'ajout de sources de données externes ou par l'application de techniques d'augmentation des données. Une base de données plus riche et plus variée peut accroître la robustesse et la précision du modèle d'IA et contribuer à minimiser les erreurs de décision.

La documentation et la transparence des processus de données constituent également une étape importante dans la prévention et le contrôle des décisions erronées de l'IA. Une documentation claire et détaillée des sources de données, des techniques de nettoyage et de validation utilisées ainsi que des hypothèses et des décisions prises est essentielle. Cette transparence permet de comprendre et de vérifier la qualité des données et les processus décisionnels du système d'IA. Elle est également importante pour la responsabilisation et le respect des normes légales et éthiques.

Techniques pour éviter l'overfitting

L'overfitting, c'est-à-dire la suradaptation d'un modèle aux données d'apprentissage, est un autre problème courant dans l'apprentissage automatique, qui peut nuire considérablement à la capacité de généralisation d'un modèle. Pour éviter l'overfitting et s'assurer qu'un modèle fonctionne bien sur de nouvelles données inconnues, il existe une multitude de techniques qui peuvent être appliquées. Ces techniques vont de l'amélioration de la qualité et de la diversité des données à des adaptations spécifiques de l'architecture du modèle et du processus d'apprentissage.

L'une des techniques les plus fondamentales pour éviter le surajustement est d'utiliser davantage de données d'entraînement. Lorsqu'un modèle est entraîné sur une quantité plus importante et plus variée de données, il a plus de chances d'apprendre les modèles sous-jacents et pas seulement le bruit et les aléas des données. Cependant, la collecte et la curation de données supplémentaires peuvent être coûteuses et prendre beaucoup de temps, c'est pourquoi il est souvent nécessaire d'utiliser d'autres techniques pour tirer le meilleur parti des données disponibles.

Une autre approche est l'augmentation des données, en particulier dans le traitement des images. L'augmentation des données implique la création de nouveaux exemples d'apprentissage en appliquant différentes transformations aux données existantes, telles que la rotation, la mise à l'échelle, la mise en miroir et la distorsion des images. Cette technique augmente efficacement la taille de l'ensemble de données d'apprentissage et aide le modèle à devenir plus robuste face aux variations dans les données. Cela réduit la probabilité que le modèle apprenne des détails spécifiques des données d'apprentissage qui ne sont pas pertinents pour la généralisation.

La régularisation est une technique largement utilisée pour éviter le surajustement, qui consiste à introduire des contraintes ou des pénalités supplémentaires sur les paramètres du modèle pendant l'apprentissage. Les régularisations L1 et L2 sont deux formes courantes de régularisation. La régularisation L1 ajoute une pénalité à la somme absolue des poids du modèle, ce qui a pour effet de mettre certains poids à zéro et de rendre ainsi le modèle plus écomone. La régularisation L2 ajoute une pénalité pour la somme au carré des poids du modèle, ce qui permet de maintenir les poids globalement plus petits et de réduire la complexité du modèle. Ces deux techniques permettent de limiter la capacité du modèle et de réduire le risque de surajustement.

Le dropout est une technique spécifique utilisée dans les réseaux neuronaux profonds pour éviter l'overfitting. Le dropout consiste à désactiver des neurones choisis au hasard pendant la formation, ce qui évite que le modèle ne devienne trop dépendant de certaines voies et connexions. Cela oblige le modèle à apprendre des caractéristiques plus redondantes et plus robustes, qui généralisent mieux. Le dropout réduit la dépendance du modèle vis-à-vis de neurones et de connexions spécifiques et contribue à améliorer la capacité de généralisation.

La validation croisée est une autre technique importante qui aide à évaluer la performance du modèle et à éviter le surajustement. La validation croisée consiste à diviser l'ensemble de données de formation en plusieurs parties et à former et valider le modèle à plusieurs reprises, en utilisant une partie à la fois comme ensemble de validation et les parties restantes comme ensemble de formation. Cela permet de mieux évaluer et d'améliorer la capacité de généralisation du modèle, car celui-ci est testé sur différents sous-ensembles de données. Il fournit une estimation plus robuste de la performance du modèle et contribue à réduire le risque de surajustement.

Une autre méthode pour éviter le surajustement consiste à utiliser un ensemble de données de validation et un arrêt précoce pendant le processus de formation. Un ensemble de données de validation, qui n'est pas utilisé pour l'entraînement, sert à surveiller la performance du modèle. Dans le cas de l'arrêt précoce, le processus de formation est interrompu lorsque les performances de l'ensemble de données de validation cessent de s'améliorer ou se détériorent. Cela évite que le modèle soit entraîné trop longtemps et commence à apprendre le bruit dans les données d'entraînement.

Les méthodes d'assemblage, telles que le bagging et le boosting, sont également des techniques efficaces pour éviter l'overfitting. Le bagging (bootstrap aggregating) consiste à entraîner plusieurs modèles sur différents sous-ensembles de données et à combiner leurs prédictions. Cela réduit la variance et permet d'obtenir des prédictions plus robustes. Les forêts aléatoires sont un exemple populaire de bagging. Les méthodes de boosting, comme le gradient boosting, entraînent séquentiellement plusieurs modèles, chaque nouveau modèle ayant pour but de corriger les erreurs des modèles précédents. Il en résulte une forte réduction du biais et de la variance, ce qui améliore la capacité de généralisation.

Une sélection minutieuse de l'architecture du modèle et des hyperparamètres est également essentielle pour éviter l'overfitting. Les modèles plus complexes sont plus enclins à l'overfitting, en particulier lorsqu'ils sont entraînés sur des ensembles de données petits ou insuffisants. L'utilisation de modèles plus simples et l'optimisation des hyperparamètres, tels que le taux d'apprentissage, le nombre de couches et de neurones, permettent de réduire le risque d'overfitting. Les techniques d'optimisation des hyperparamètres, telles que Grid Search ou Random Search, peuvent aider à trouver les meilleurs paramètres qui offrent un bon équilibre entre la complexité du modèle et la capacité de généralisation.

Robustesse de la modélisation

Le manque de robustesse dans la modélisation est une autre cause importante du phénomène de "psychose" dans les systèmes d'IA, dans lesquels le comportement de l'IA semble imprévisible, irrationnel ou illogique. La robustesse dans la modélisation fait référence à la capacité d'un modèle à fonctionner de manière fiable et cohérente dans différentes conditions, y compris la confrontation avec des entrées inattendues, du bruit ou d'autres perturbations. Si un modèle n'est pas robuste, il peut facilement se déséquilibrer et produire des résultats erronés ou absurdes.

L'une des principales causes du manque de robustesse est le manque de capacité d'un modèle à généraliser à des entrées nouvelles ou inhabituelles. Les modèles qui n'ont été formés que sur un ensemble très limité de données d'apprentissage peuvent apprendre des modèles spécifiques et des particularités de ces données au lieu de déduire des règles générales et robustes. Si le modèle est ensuite confronté à des données nouvelles ou différentes qui ne sont pas bien représentées par les données d'apprentissage, il peut échouer ou produire des résultats inattendus. Par exemple, un assistant vocal entraîné principalement sur des textes formels pourrait avoir des difficultés à comprendre et à traiter le langage informel ou dialectal, ce qui entraînerait des réponses confuses ou inappropriées.

Un autre facteur contribuant au manque de robustesse est le surajustement (overfitting, voir ci-dessus). Si un modèle est trop adapté aux données d'apprentissage, il apprend non seulement les modèles pertinents, mais aussi le bruit et les aléas dans les données. Il en résulte que le modèle généralise mal avec de nouvelles données qui ne contiennent pas ces détails spécifiques. Le surajustement peut être renforcé par la complexité du modèle. Les modèles complexes comportant de nombreux paramètres ont une grande capacité à capturer les détails des données d'apprentissage, mais ils sont aussi plus vulnérables au surajustement et donc moins robustes face aux nouvelles données.

Un autre aspect du manque de robustesse dans la modélisation est la sensibilité au bruit ou aux petits changements dans les données d'entrée. Les modèles robustes devraient être capables de gérer des variations ou des perturbations mineures sans que leurs performances en soient considérablement affectées. Toutefois, si un modèle est très sensible à de tels changements, il peut en résulter des résultats instables et imprévisibles. Le traitement des images en est un exemple, où de petites modifications des valeurs des pixels, telles que celles qui peuvent résulter du bruit ou du traitement des images, peuvent amener un modèle de classification des images à faire des prédictions erronées ou absurdes.

L'architecture et la conception du modèle jouent également un rôle crucial dans la robustesse. Les modèles qui n'ont pas été soigneusement conçus et validés sont plus vulnérables aux erreurs et à l'instabilité. Par exemple, les réseaux neuronaux avec une architecture sous-optimale peuvent avoir tendance à trouver des minima locaux dans le paysage des erreurs, ce qui conduit à des solutions sous-optimales et à un manque de robustesse. Le choix de la bonne architecture de modèle et l'utilisation de techniques telles que la régularisation et la validation croisée sont essentiels pour garantir la robustesse du modèle.

Un autre facteur important est la qualité et la diversité des données. Les modèles formés sur des données variées et de bonne qualité ont tendance à être plus robustes et capables de généraliser à un large éventail de scénarios. Le manque de robustesse peut également être renforcé par des tests et des validations insuffisants pendant la phase de développement. Les modèles devraient être testés de manière approfondie sur différents ensembles de données et dans différentes conditions afin d'évaluer leur robustesse et leur capacité de généralisation. Si ces tests ne sont pas suffisamment effectués, le modèle peut donner des résultats inattendus et imprévisibles dans la pratique.

La mise en œuvre de techniques visant à accroître la robustesse est essentielle pour minimiser le risque de "psychose" dans les systèmes d'IA. L'une de ces techniques est l'augmentation des données, qui consiste à étendre les données d'apprentissage par diverses transformations afin de rendre le modèle plus robuste aux variations des entrées. Les dropouts et autres méthodes de régularisation peuvent également être utilisés pour réduire le surajustement et augmenter la robustesse. En outre, les méthodes d'assemblage, qui combinent plusieurs modèles, peuvent améliorer la robustesse et la fiabilité des prédictions.

Une autre approche importante consiste à surveiller et à adapter en permanence les modèles après leur déploiement. Les modèles utilisés dans le monde réel devraient faire l'objet d'un suivi et d'un examen réguliers afin de s'assurer qu'ils continuent à fonctionner de manière robuste et fiable. Cela implique d'adapter les modèles aux nouvelles données et conditions et de mettre en œuvre des mécanismes de détection et de correction des dysfonctionnements.

Contrôles des biais et suivi régulier

S'assurer que les biais sont minimisés est un aspect crucial du développement et de la mise en œuvre de l'intelligence artificielle.

Les contrôles des biais commencent par une analyse et une évaluation minutieuses des ensembles de données utilisés pour former les modèles d'IA. Les données historiques peuvent refléter des préjugés et des inégalités inhérents qui, s'ils ne sont pas détectés, peuvent être incorporés dans les modèles d'IA et influencer leurs décisions. Une étape importante consiste à analyser la répartition des données entre différents groupes démographiques et à s'assurer qu'aucun groupe n'est sur- ou sous-représenté. Cela peut se faire par le biais d'analyses statistiques et de visualisations qui mettent en évidence d'éventuelles distorsions dans les données.

L'utilisation de métriques spécifiques pour évaluer les biais est également cruciale. Ces métriques comprennent des méthodes statistiques telles que le Disparate Impact Ratio, qui examine si les résultats d'un modèle sont les mêmes pour différents groupes, et l'analyse des taux de faux positifs et de faux négatifs pour identifier les différences dans les erreurs de classification. En utilisant de telles métriques, les développeurs peuvent identifier les biais potentiels dans les modèles et évaluer dans quelle mesure ces biais affectent différents groupes démographiques.

Une autre approche essentielle pour minimiser les biais est l'utilisation d'algorithmes d'équité et de techniques d'atténuation des biais. Ces techniques peuvent être appliquées avant, pendant et après l'entraînement des modèles. Avant l'entraînement, des méthodes telles que le reweighting ou le resampling peuvent être utilisées pour s'assurer que les données d'entraînement sont équilibrées. Pendant la formation, des contraintes d'équité peuvent être intégrées dans les processus d'optimisation afin de garantir que les modèles prennent des décisions équitables. Après la formation, des techniques telles que le post-processing peuvent être appliquées pour vérifier et ajuster les décisions du modèle afin de réduire les biais.

Une surveillance régulière est également essentielle pour s'assurer que les modèles continuent à fonctionner de manière équitable et fiable. Un élément important de la surveillance régulière est la réalisation d'audits et de revues. Ces audits doivent être réalisés régulièrement et systématiquement afin de vérifier le respect des normes d'équité et de qualité établies. Des examens indépendants réalisés par des experts externes peuvent apporter une assurance supplémentaire et contribuer à garantir que les modèles respectent les exigences éthiques et légales. L'implication d'experts du domaine et de parties prenantes dans le processus de surveillance est également essentielle. Ces experts apportent des connaissances et des perspectives précieuses qui peuvent contribuer à identifier et à aborder les distorsions potentielles. En consultant régulièrement les parties prenantes et en leur fournissant un retour d'information, les développeurs peuvent s'assurer que les modèles répondent aux exigences pratiques et aux normes éthiques. Cela encourage l'amélioration continue des modèles et favorise l'acceptation à long terme et la fiabilité des systèmes d'IA.

Outre la surveillance technique, des mesures organisationnelles devraient être prises pour promouvoir une culture de l'équité et de la responsabilité. Cela comprend la formation du personnel à la détection des biais et aux pratiques d'équité, l'établissement de politiques et de normes claires pour le développement et la surveillance des modèles, ainsi que la mise en place de mécanismes pour signaler et traiter les préoccupations et les problèmes liés aux biais. Un soutien organisationnel solide et un engagement commun en faveur de pratiques d'IA éthiques sont essentiels pour obtenir des résultats à long terme en matière de minimisation des biais et de garantie de la qualité des données.

Techniques d'identification et de correction des biais

Certaines des principales techniques d'identification et de correction des biais sont décrites en détail ci-dessous.

Identification des biais

Statistiques descriptives et visualisation

Une méthode de base pour identifier les biais consiste à utiliser des statistiques descriptives et des techniques de visualisation. En analysant la distribution des caractéristiques des données telles que le sexe, l'âge, l'ethnie et d'autres caractéristiques démographiques, il est possible d'identifier les déséquilibres et les distorsions dans les ensembles de données. Les histogrammes, les boxplots et les scatterplots sont des outils utiles pour représenter visuellement d'éventuels modèles de biais.

Analyse d'impact disparate

L'analyse d'impact disparate évalue si une décision ou une prédiction d'un modèle a un impact différent sur différents groupes. Cette analyse utilise des métriques statistiques telles que le Disparate Impact Ratio, qui mesure la proportion de résultats positifs pour un groupe protégé par rapport à un groupe de référence. Une différence significative dans les résultats indique un biais potentiel.

Analyse des faux positifs/faux négatifs

Un autre moyen d'identifier les biais est d'analyser les taux d'erreurs de classification (faux positifs et faux négatifs) pour différents groupes. Des différences dans ces taux peuvent indiquer des biais systématiques dans le modèle. Par exemple, un taux plus élevé de faux positifs pour un groupe démographique donné pourrait indiquer un biais dans le modèle.

Correction de biais

Techniques de prétraitement

Les techniques de prétraitement visent à corriger les distorsions dans les données avant l'apprentissage du modèle. Il s'agit notamment de méthodes telles que

Reweighting

Le reweighting est une technique d'apprentissage automatique et de traitement des données qui vise à obtenir une répartition plus équilibrée des différents groupes au sein d'un ensemble de données. Cette méthode est souvent utilisée pour corriger les biais dans les données et pour s'assurer que les modèles d'apprentissage automatique font des prédictions justes et équitables.

Le reweighting fait référence au processus d'ajustement des pondérations des points de données individuels dans un ensemble de données afin d'obtenir une distribution plus représentative et équilibrée des caractéristiques du groupe. Cela signifie que les points de données des groupes sous-représentés reçoivent un poids plus élevé, tandis que les points de données des groupes surreprésentés reçoivent un poids plus faible. L'objectif est de minimiser les biais causés par des tailles de groupe inégales et de permettre aux algorithmes d'apprentissage de développer des modèles plus équitables.

La mise en œuvre technique du reweighting se fait en plusieurs étapes. Tout d'abord, le jeu de données est analysé afin de comprendre la répartition des différents groupes. Cela implique d'identifier les caractéristiques des groupes (comme le sexe, l'ethnie, l'âge, etc.) et de quantifier leur fréquence dans l'ensemble de données. Sur la base de cette analyse, les pondérations des points de données sont ajustées. Cela peut se faire par différentes méthodes, comme la fréquence inverse ou la pondération bayésienne.

Une approche fréquemment utilisée est la pondération par fréquence inverse, dans laquelle la pondération d'un point de données est inversement proportionnelle à la fréquence de son groupe dans l'ensemble de données. Par exemple, si un groupe ne représente que 10 % de l'ensemble de données, alors qu'un autre groupe en représente 90 %, les points de données du plus petit groupe se voient attribuer une pondération neuf fois supérieure à celle du plus grand groupe. Cela oblige le modèle à prendre davantage en compte le plus petit groupe dans la construction du modèle.

La mise en œuvre du reweighting comporte un certain nombre de défis. L'un des principaux défis consiste à trouver le bon équilibre. Une pondération trop importante des groupes sous-représentés peut conduire à un surajustement, dans lequel le modèle réagit de manière disproportionnée aux quelques points de données de ces groupes. Une pondération trop faible peut à son tour ne pas corriger suffisamment les biais.

Un autre aspect important est la qualité des données. Si les points de données provenant des groupes sous-représentés sont de moins bonne qualité ou présentent des erreurs systématiques, le reweighting peut aggraver ces problèmes au lieu de les résoudre. Il est donc essentiel de préparer et d'analyser soigneusement les données avant d'appliquer le reweighting.

Le reweighting est utilisé dans de nombreux domaines où des modèles justes et équilibrés sont nécessaires. Dans la recherche sur la santé, par exemple, il peut être utilisé pour garantir que les modèles médicaux ne se basent pas uniquement sur les données d'un groupe démographique, mais qu'ils prennent également en compte d'autres groupes de manière appropriée. Ceci est particulièrement important dans les domaines où il existe des inégalités historiques dans la disponibilité des données.

Un autre exemple est l'utilisation du reweighting dans l'évaluation du crédit. Dans ce cas, la technique peut contribuer à ce que les modèles soient équitables envers différents groupes ethniques ou sexes, en s'assurant qu'aucun groupe n'est désavantagé en raison d'une répartition inégale des données.

Rééchantillonnage

Le rééchantillonnage est une technique largement utilisée dans l'apprentissage automatique et le traitement des données, qui vise à obtenir une répartition plus équilibrée des groupes au sein d'un ensemble de données. Cette méthode est particulièrement utile pour corriger les distorsions et les déséquilibres qui apparaissent lorsque certains groupes sont sous-représentés ou surreprésentés dans les données d'apprentissage. Le rééchantillonnage permet de développer des modèles qui font des prédictions plus justes et plus précises.

Le rééchantillonnage comprend deux approches principales : Oversampling et undersampling. L'oversampling fait référence à la duplication de points de données provenant de groupes sous-représentés afin d'augmenter leur nombre dans l'ensemble de données. Ceci afin de garantir que le modèle obtienne suffisamment d'exemples de ces groupes et puisse ainsi mieux apprendre leurs caractéristiques. L'undersampling, en revanche, consiste à supprimer des points de données de groupes surreprésentés afin de réduire leur nombre. Cela permet d'éviter que le modèle ne se focalise trop sur les groupes les plus fréquents et ne néglige les groupes les moins fréquents.

L'objectif principal du rééchantillonnage est d'établir un équilibre dans les données d'apprentissage, de sorte que tous les groupes soient représentés de manière égale dans l'ensemble de données. Cela permet de s'assurer que le modèle ne développe pas de biais systématique et qu'il fait des prédictions équitables pour tous les groupes.

La mise en œuvre du rééchantillonnage nécessite une analyse minutieuse de la distribution des différents groupes dans l'ensemble de données. Tout d'abord, le jeu de données est analysé pour détecter les déséquilibres en déterminant les fréquences des différentes caractéristiques des groupes. Sur la base de cette analyse, on décide quels groupes doivent être sur- ou sous-échantillonnés. L'oversampling peut être réalisé de différentes manières. Une approche simple consiste à dupliquer de manière aléatoire les points de données des groupes sous-représentés. Une méthode plus avancée consiste à générer synthétiquement de nouveaux points de données à l'aide de techniques telles que le Synthetic Minority Over-sampling Technique (SMOTE). SMOTE crée de nouveaux points de données en combinant et en faisant varier les caractéristiques des points de données existants. L'undersampling peut être réalisé en retirant de manière aléatoire des points de données des groupes surreprésentés. Une méthode moins risquée consiste à sélectionner les points de données de manière à conserver la variance au sein des groupes. Cela peut se faire par un échantillonnage stratifié, qui prend en compte les caractéristiques les plus importantes des points de données.

L'utilisation du rééchantillonnage présente plusieurs défis. Dans le cas du suréchantillonnage, il existe un risque de surajustement, car le modèle peut réagir trop fortement aux points de données dupliqués, ce qui le rend moins généralisable. Dans le cas de l'undersampling, il existe un risque de perte d'informations, car des points de données importants pourraient être supprimés, ce qui pourrait limiter la capacité du modèle à identifier des modèles dans les données. Un autre aspect important est la qualité des données. Si les groupes sous-représentés contiennent par nature des données plus bruyantes ou moins représentatives, le rééchantillonnage peut aggraver ces problèmes au lieu de les résoudre. Il est donc essentiel de procéder à un prétraitement minutieux des données et à une analyse approfondie des caractéristiques des groupes.

Le rééchantillonnage est utilisé dans de nombreux domaines où il est crucial de développer des modèles équitables et précis. Un exemple marquant est la recherche médicale, où la répartition des groupes de patients est souvent déséquilibrée. Le rééchantillonnage permet de s'assurer que le modèle peut faire des prédictions fiables pour tous les groupes de patients, indépendamment du sexe, de l'âge ou de l'ethnie. Un autre exemple est la détection de la fraude dans les transactions financières. Les cas de fraude sont généralement rares, de sorte que les données sont fortement déséquilibrées. En suréchantillonnant les cas de fraude, un modèle peut être mieux entraîné à détecter ces événements rares sans être dominé par l'écrasante majorité des cas non frauduleux.

Le rééchantillonnage est une technique essentielle pour corriger les déséquilibres dans les ensembles de données et pour promouvoir l'équité dans les modèles d'apprentissage automatique. En surajustant ou en sous-ajustant de manière ciblée des points de données, on obtient un équilibre dans les données d'apprentissage, ce qui conduit à des modèles plus justes et plus représentatifs. Malgré les défis liés à la mise en œuvre du rééchantillonnage, cette méthode offre un moyen efficace d'améliorer la qualité et l'équité des modèles prédictifs et de garantir des normes éthiques dans le traitement des données.

Augmentation des données

L'augmentation des données est une technique utilisée dans l'apprentissage automatique et le traitement des données pour compléter les ensembles de données existants par des points de données générés de manière synthétique. L'objectif de cette méthode est d'augmenter la diversité et la représentativité des données, ce qui permet d'améliorer les performances des modèles et d'éviter le surajustement. Cette technique est particulièrement utile dans des domaines tels que la reconnaissance d'images et de la parole et le traitement du langage naturel, où la disponibilité d'ensembles de données vastes et variés est cruciale.

L'augmentation des données fonctionne en appliquant différentes transformations à des points de données existants afin de créer de nouvelles versions légèrement différentes de ces données. Dans le traitement des images, ces transformations peuvent inclure la rotation, la mise à l'échelle, la mise en miroir, le recadrage ou l'ajout de bruit aux images. Ces techniques simulent des variations réelles qui rendent le modèle robuste face à des modèles similaires, mais pas identiques, pendant l'apprentissage.

Un exemple d'application de l'augmentation des données dans le traitement des images serait l'utilisation d'un ensemble de données d'entraînement d'images de chats. Des transformations telles que la rotation des images selon différents angles, la modification de la luminosité ou l'ajout de bruit permettent d'augmenter artificiellement le jeu de données. Cela aide le modèle à mieux généraliser en l'entraînant à une plus grande variété d'apparences, ce qui améliore globalement la capacité de reconnaissance des images de chats.

Dans le traitement du langage naturel, l'augmentation des données peut être obtenue par des techniques telles que le remplacement de synonymes, la suppression aléatoire de mots ou l'ajout de bruit dans les textes. Par exemple, une phrase comme "Il fait beau aujourd'hui" pourrait être modifiée en "Il fait beau aujourd'hui" en remplaçant "beau" par "magnifique". Ces variations aident le modèle à apprendre une représentation plus robuste de la langue et améliorent sa capacité à gérer des formulations nouvelles et imprévues.

Un autre domaine dans lequel l'augmentation des données joue un rôle important est celui de la reconnaissance vocale. Ici, des données audio générées synthétiquement peuvent être créées en ajoutant des bruits de fond, en changeant la vitesse de la parole ou en modifiant la hauteur du son. Ces points de données augmentés contribuent à accroître la diversité de l'ensemble des données d'apprentissage, ce qui permet d'améliorer la reconnaissance et l'interprétation des mots et des phrases prononcés.

Bien que l'augmentation des données présente de nombreux avantages, elle comporte également des défis et des limites. L'un des défis consiste à s'assurer que les points de données augmentés conservent les caractéristiques et les modèles sous-jacents des données d'origine et n'entraînent pas une dégradation des performances du modèle. Si les transformations appliquées sont trop extrêmes ou introduisent des variations non pertinentes, le modèle risque d'être confus et sa capacité de généralisation compromise.

Un autre problème potentiel est l'intensité de calcul de l'augmentation des données. La création et le traitement d'un grand nombre de points de données synthétiques peuvent nécessiter des ressources de calcul considérables, ce qui peut, dans certains cas, augmenter le temps d'entraînement et l'infrastructure nécessaire. Il est donc important de développer des algorithmes et des techniques efficaces pour mettre en œuvre efficacement l'augmentation des données sans trop solliciter les ressources.

Techniques d'in-processing

Des techniques d'in-processing sont appliquées pendant l'apprentissage du modèle afin de minimiser les biais. Il s'agit notamment de

Contraintes d'équité

Les contraintes d'équité sont une technique importante de l'apprentissage automatique qui vise à intégrer des conditions d'équité directement dans le processus d'apprentissage des modèles. L'objectif de cette technique est de s'assurer que les modèles prennent des décisions équitables et évitent les distorsions et discriminations systématiques. Cet objectif est souvent atteint en modifiant la fonction de perte afin d'optimiser à la fois la précision de la prédiction et l'équité.

La mise en œuvre des contraintes d'équité commence par la définition de critères d'équité spécifiques à prendre en compte dans le modèle. Ces critères peuvent varier en fonction de l'application, mais comprennent souvent des aspects tels que la parité démographique, les cotes égalisées ou l'égalité des chances. La parité démographique exige que les résultats de prédiction soient distribués de manière similaire pour différents groupes démographiques. Les cotes égalisées garantissent que les taux de faux positifs et de faux négatifs sont les mêmes pour tous les groupes. L'égalité des chances signifie que la probabilité d'une prédiction positive correcte est la même pour tous les groupes.

Après avoir défini les critères d'équité, on procède à la modification de la fonction de perte du modèle. La fonction de perte est une construction mathématique qui mesure la performance du modèle et définit l'objectif du processus d'apprentissage. En ajoutant des conditions d'équité à la fonction de perte, le modèle est contraint d'optimiser à la fois la précision de la prédiction et la satisfaction des critères d'équité. Cela peut être réalisé en introduisant des termes supplémentaires dans la fonction de perte, qui quantifient et pénalisent l'écart par rapport aux objectifs d'équité.

Un exemple de fonction de perte modifiée pourrait se présenter comme suit : Supposons que nous ayons une fonction de perte standard $L(y, \hat{y})$ qui mesure l'écart entre les valeurs réelles y et les valeurs prédites $\hat{y}$. Pour intégrer l'équité, nous pourrions ajouter un terme supplémentaire F qui représenterait la condition d'équité. La fonction de perte modifiée pourrait alors être $L(y, \hat{y}) + \lambda F$, où λ est un hyperparamètre qui détermine le poids relatif de la condition d'équité. En ajustant

λ), le modèle peut s'équilibrer entre la précision de la prédiction et l'équité.

L'introduction de contraintes d'équité dans le processus de formation présente plusieurs défis. L'un des principaux défis consiste à trouver le bon équilibre entre l'équité et la précision. Un accent trop fort sur l'équité peut réduire la précision globale du modèle, tandis qu'un accent trop fort sur la précision peut négliger l'équité. Il faut un ajustement et une validation minutieux pour s'assurer que le modèle atteint les deux objectifs de manière adéquate.

Un autre problème est la complexité des critères d'équité eux-mêmes. Différents critères d'équité peuvent entrer en conflit les uns avec les autres et il est souvent difficile de trouver une solution qui réponde à tous les critères en même temps. De plus, les critères d'équité peuvent varier en fonction du contexte et de l'application, ce qui signifie que la mise en œuvre des contraintes d'équité doit être faite sur mesure et adaptée à des exigences spécifiques.

Un exemple pratique d'application des contraintes d'équité est le développement d'un modèle d'évaluation du crédit qui garantit qu'aucun groupe démographique n'est désavantagé en raison de son appartenance ethnique ou de son sexe. En intégrant des contraintes d'équité dans la fonction de perte du modèle, il est possible de s'assurer que le modèle prend des décisions de crédit équitables en garantissant la même probabilité d'approbation de crédit pour tous les groupes.

Débiteur adverse

L'Adversarial Debiasing est une technique innovante dans le domaine de l'apprentissage automatique qui vise à réduire les distorsions (biais) dans les modèles. Cette méthode utilise des réseaux adversaires pour détecter et éliminer les biais systématiques, tout en continuant à entraîner le modèle principal à faire des prédictions précises. Cette approche représente une combinaison de la force des réseaux adversaires et de la nécessité d'une prise de décision équitable.

Le concept fondamental de réseaux adversaires a été introduit à l'origine dans le contexte des réseaux adversaires génératifs (RAG), dans lesquels deux réseaux s'affrontent : un générateur qui tente de générer des données réalistes et un discriminateur qui tente de distinguer les données réelles des données générées. L'Adversarial Debiasing adapte ce principe pour lutter contre les distorsions dans les données et les modèles.

Dans le cas du débiaisage adverse, la configuration se compose de deux éléments principaux : le modèle de prédiction et le réseau adverse. Le modèle de prédiction est entraîné, comme d'habitude, à faire des prédictions précises pour la variable cible. Parallèlement, le réseau adversaire est entraîné à détecter les distorsions dans les prédictions du modèle. Le processus d'entraînement est conçu de manière à ce que le modèle de prédiction apprenne à faire des prédictions qui soient à la fois précises et exemptes de biais, afin de tromper le réseau adversaire.

Le processus d'apprentissage commence par l'entraînement du modèle de prédiction sur les données initiales afin d'obtenir des prédictions précises. Au cours de cet entraînement, les prédictions du modèle et les étiquettes vraies sont transmises au réseau adversaire en tant qu'entrées. Le réseau adversaire est entraîné à reconnaître si les prédictions du modèle contiennent des biais, sur la base des caractéristiques démographiques des données.

Pour réduire le biais, un mécanisme de rétroaction est mis en œuvre. Lorsque le réseau adversaire détecte des biais dans les prédictions, un signal de retour est envoyé au modèle de prédiction. Ce signal de retour est utilisé pour ajuster les poids du modèle de prédiction de manière à ce que les futures prédictions contiennent moins de biais. L'objectif est d'entraîner le modèle de prédiction de manière à ce qu'il fasse non seulement des prédictions exactes, mais aussi des prédictions que le réseau adversaire ne peut pas reconnaître comme étant biaisées.

Un exemple pratique de débiteur adverse est le développement d'un modèle de recrutement qui évalue les candidatures. Le modèle prédictif est entraîné à évaluer l'adéquation des candidats sur la base de leurs qualifications. Parallèlement, le réseau adversaire est entraîné à reconnaître si les prédictions du modèle sont influencées par des caractéristiques démographiques telles que le sexe ou l'appartenance ethnique. Grâce au processus d'entraînement itératif, le modèle prédictif apprend à faire des prédictions exemptes de ces biais, ce qui permet de prendre des décisions de recrutement plus équitables.

Toutefois, l'application du débiteur adverse comporte également des défis. L'un des principaux défis consiste à trouver un équilibre entre la précision et l'équité. Si l'on se concentre trop sur l'élimination des biais, on risque de réduire la précision globale du modèle. Un autre aspect est la complexité de la mise en œuvre. Le processus d'entraînement nécessite une coordination minutieuse des deux réseaux, ce qui requiert des ressources informatiques et une expertise supplémentaires.

Techniques de post-traitement

Les techniques de post-traitement sont appliquées après l'apprentissage du modèle afin de corriger les distorsions dans les prédictions.

Cotes égales

Equalized Odds est une méthode importante dans le domaine de l'équité de l'apprentissage automatique, qui vise à ajuster les prédictions d'un modèle de manière à ce que les taux de faux positifs et de faux négatifs soient les mêmes pour différents groupes démographiques. Ce concept garantit que le modèle présente des probabilités d'erreur similaires, quel que soit le groupe auquel appartiennent les points de données, et qu'il n'y a donc pas de désavantage ou de préférence systématique pour certains groupes.

L'idée centrale de l'Equalized Odds est de garantir l'égalité des taux d'erreur entre différents groupes. Mathématiquement, cela signifie que la probabilité que le modèle fasse une prédiction positive, donnée que le résultat réel est positif (True Positive Rate), ainsi que la probabilité que le modèle fasse une prédiction négative, donnée que le résultat réel est négatif (True Negative Rate), devraient être les mêmes pour tous les groupes. En termes formels, les conditions des cotes égalisées sont les suivantes :

$P(\hat{Y} = 1 \mid Y = 1, A = a) = P(\hat{Y} = 1 \mid Y = 1, A = b)$ pour tous les groupes a et b,

$P(\hat{Y} = 0 \mid Y = 0, A = a) = P(\hat{Y} = 0 \mid Y = 0, A = b)$ pour tous les groupes a et b.

Ici, $\hat{Y}$ représente la prédiction du modèle, Y le résultat réel et A le groupe démographique.

La mise en œuvre des cotes égalisées dans un modèle de formation nécessite des ajustements spécifiques afin de garantir que les taux d'erreur sont équilibrés pour tous les groupes. Une manière d'y parvenir consiste à ajuster le modèle a posteriori ou à appliquer des techniques d'optimisation spécifiques pendant le processus de formation. Une méthode fréquemment utilisée consiste à modifier la fonction de perte du modèle afin d'optimiser non seulement la précision de la prédiction, mais aussi le respect des cotes égalisées. Cela peut se faire en introduisant des termes d'équité supplémentaires dans la fonction de perte, qui minimisent les écarts de taux d'erreur entre les groupes.

Un exemple pratique d'application des cotes égalisées est le développement d'un modèle d'évaluation du crédit qui garantit que les taux de faux positifs et de faux négatifs sont les mêmes pour différents groupes ethniques. Sans ajustements, certains groupes pourraient recevoir soit trop de fausses approbations de crédit, soit trop de demandes de crédit refusées, en raison de distorsions historiques des données. L'application d'Equalized Odds permet d'ajuster le modèle afin d'équilibrer ces taux entre les groupes, ce qui se traduit par des décisions de crédit plus équitables.

Toutefois, l'application des cotes égalisées comporte également des défis. L'un des principaux défis consiste à trouver le bon équilibre entre équité et précision. Le respect des equalized odds peut réduire la précision globale du modèle, car des contraintes supplémentaires doivent être prises en compte. En outre, la mise en œuvre de cette méthode peut être complexe, en particulier lorsque les caractéristiques du groupe sont multiples et diversement réparties.

Cotes calibrées égalisées

Les Calibrated Equalized Odds sont une méthode avancée pour améliorer l'équité et la précision des modèles d'apprentissage automatique. Cette technique s'appuie sur le concept d'Equalized Odds, mais l'étend à l'aspect de la calibration des prédictions. L'objectif est à la fois d'égaliser les taux d'erreur (taux de faux positifs et de faux négatifs) entre différents groupes démographiques et d'assurer le calibrage des prédictions de probabilité.

Le concept d'étalonnage dans ce contexte signifie que les probabilités prédites doivent correspondre aux probabilités réelles. En d'autres termes, si un modèle prédit une probabilité de 70 % d'un événement positif, cet événement devrait se produire effectivement dans 70 % des cas. L'étalonnage est important pour garantir que les probabilités émises par le modèle sont fiables et peuvent être interprétées.

Calibrated Equalized Odds combine les objectifs d'équité par le biais d'Equalized Odds avec l'exigence d'étalonnage. Cela signifie que la méthode vise à ce que les probabilités prédites soient à la fois calibrées de manière égale entre les groupes et que les taux de faux positifs et de faux négatifs soient équilibrés.

Pour obtenir des cotes égales calibrées, on utilise typiquement un processus en deux étapes. Dans la première étape, un modèle de prédiction est entraîné afin de maximiser la précision, sans tenir compte de l'équité. Dans la deuxième étape, une couche de calibrage est ajoutée pour ajuster les prédictions du modèle de manière à garantir les cotes égalisées et le calibrage à travers les différents groupes.

Une approche souvent utilisée pour l'étalonnage est la régression isotonique ou le "plat scaling". Ces méthodes ajustent les probabilités de manière à ce qu'elles correspondent mieux aux résultats réels. En outre, une routine d'optimisation peut être utilisée pour s'assurer que les prédictions calibrées remplissent la condition des cotes égalisées. Cela peut être réalisé en introduisant des termes de régularisation dans la fonction de perte, qui minimisent les écarts de taux d'erreur et les erreurs d'étalonnage entre les groupes.

Un exemple pratique de l'utilisation des Calibrated Equalized Odds est le développement d'un modèle permettant de prédire les taux de récidive chez les délinquants. Un modèle standard pourrait présenter des biais qui conduiraient à ce que certains groupes démographiques soient plus souvent considérés comme étant à risque. L'utilisation de Calibrated Equalized Odds permet de garantir que les taux d'erreur sont les mêmes pour tous les groupes et que les prédictions de probabilité sont correctement calibrées. Cela permet de faire des prédictions justes et précises, ce qui conduit à des décisions plus équitables dans le système judiciaire.

L'application des cotes égalisées calibrées présente un certain nombre de défis. L'un des principaux défis est la complexité de la mise en œuvre, car il faut à la fois calibrer les probabilités et garantir l'équité entre les groupes. Cela nécessite un ajustement minutieux des paramètres du modèle et éventuellement des ressources de calcul plus importantes. De plus, l'équilibre entre l'équité et la précision peut être difficile à atteindre, car des contraintes supplémentaires doivent être intégrées dans l'optimisation.

Classification des options de rejet

La classification des options de rejet est une technique d'amélioration de l'équité dans les modèles d'apprentissage automatique qui vise à ajuster ou à rejeter les prédictions dans les cas de forte incertitude, en particulier lorsque ces prédictions pourraient conduire à des résultats inéquitables pour certains groupes démographiques. Cette méthode identifie et adresse les situations dans lesquelles le modèle pourrait prendre des décisions incertaines ou potentiellement biaisées, et permet d'éviter ou de corriger de telles décisions.

L'idée de base de Reject Option Classification est que, dans les cas de forte incertitude ou de biais potentiel, le modèle ne prend pas de décision définitive, mais rejette plutôt la prédiction ou applique une méthode de décision alternative. Cela peut être particulièrement important lorsque l'incertitude du modèle indique que la décision est susceptible d'être erronée ou injuste envers certains groupes.

Le processus de mise en œuvre de Reject Option Classification comprend plusieurs étapes :

- Détection de l'incertitude : tout d'abord, le modèle doit être capable de quantifier l'incertitude dans ses prédictions. Cela peut se faire en calculant des mesures d'incertitude telles que l'entropie de la distribution des prédictions, la variance des prédictions de probabilité ou d'autres indicateurs statistiques d'incertitude. Une incertitude

élevée signale que le modèle n'est pas sûr que la prédiction soit correcte.
- Définition de valeurs seuils : sur la base des mesures d'incertitude, des valeurs seuils sont définies, au-delà desquelles une prédiction est rejetée ou ajustée. Ces seuils peuvent être calibrés de manière à être particulièrement efficaces dans les cas où la prédiction pourrait conduire à des résultats inéquitables pour certains groupes.
- Rejet ou ajustement de la prédiction : si l'incertitude dépasse un seuil défini, le modèle peut rejeter la prédiction et appliquer une méthode de décision alternative à la place. Cela pourrait signifier que le cas est transmis pour un examen manuel supplémentaire ou qu'une décision conservatrice, moins risquée, est prise.

Un exemple pratique d'application de la classification des options de rejet est l'octroi de crédit. Dans les cas où le modèle est incertain quant à l'approbation ou au rejet d'une demande de crédit, il peut refuser la décision et transmettre le cas pour un examen manuel. Cela est particulièrement important lorsque l'incertitude indique que la décision pourrait être injuste envers certains groupes démographiques en raison de biais ou de données insuffisantes.

L'utilisation de cette technique présente plusieurs avantages. En évitant de prendre des décisions dans des cas de forte incertitude, elle réduit la probabilité d'erreurs et de résultats inéquitables. Cela contribue à améliorer l'équité globale du modèle et à renforcer la confiance des utilisateurs dans les prédictions du modèle. En outre, Reject Option Classification permet de cibler les cas difficiles ou délicats, ce qui peut conduire à une meilleure utilisation des ressources disponibles.

Toutefois, la mise en œuvre de la classification des options de rejet présente également des défis. L'un des principaux défis consiste à définir des seuils d'incertitude appropriés. Ces seuils doivent être soigneusement calibrés pour s'assurer qu'ils sont efficaces sans trop affecter les performances du modèle. En outre, l'identification et la quantification de l'incertitude nécessitent des calculs supplémentaires et peuvent accroître la complexité du modèle.

Suivi et audits continus

La correction des biais n'est pas un processus ponctuel, mais nécessite une surveillance continue et des audits réguliers des modèles. Cela comprend

- Outils de suivi : Mettre en place des outils de surveillance continue des performances du modèle et des métriques d'équité dans l'entreprise. Ces outils peuvent déclencher des alertes automatiques lorsque des distorsions sont détectées.
- Audits réguliers : examens systématiques des modèles et de leurs prédictions par des experts internes ou externes afin de s'assurer que les modèles continuent à fonctionner de manière équitable et précise. Ces audits doivent comprendre

des analyses statistiques et des évaluations qualitatives.
- Boucles de feedback : mise en place de mécanismes permettant aux utilisateurs de donner un feedback sur les décisions de l'IA. Ce feedback peut être utilisé pour améliorer continuellement le modèle et pour identifier et corriger rapidement les problèmes de biais potentiels.

Implication des parties prenantes

L'implication d'experts du domaine, d'éthiciens et de communautés concernées est également essentielle pour garantir que les biais sont adressés de manière globale et éthique. Des consultations régulières et l'obtention d'un retour d'information permettent de prendre en compte différentes perspectives et préoccupations, ce qui se traduit par une IA plus robuste et plus équitable.

L'identification et la correction des biais dans les systèmes d'IA est donc un processus complexe et continu qui nécessite diverses mesures techniques et organisationnelles. En appliquant ces techniques et en créant une culture d'équité et de transparence, les développeurs et les organisations peuvent s'assurer que leurs modèles d'IA prennent des décisions justes et dignes de confiance.

Outils et cadres d'analyse des biais

Il existe un grand nombre d'outils et de cadres spécialement conçus pour identifier, analyser et minimiser les biais dans les modèles d'intelligence artificielle et d'apprentissage automatique. Ces outils fournissent aux développeurs les outils nécessaires pour vérifier l'équité de leurs modèles et corriger les biais potentiels.

AI Équité 360

AI Fairness 360 (AIF360) est une boîte à outils open source complète développée par IBM pour garantir l'équité tout au long du cycle de vie des modèles d'apprentissage automatique. Il offre un grand nombre de métriques pour analyser les biais et plusieurs algorithmes pour atténuer les biais dans les phases de prétraitement, de traitement et de post-traitement.

AIF360 comprend diverses fonctions et caractéristiques visant à aider les développeurs et les scientifiques des données à identifier et à réduire les biais dans leurs modèles. Parmi les principales caractéristiques, on trouve plusieurs métriques de biais, telles que Disparate Impact et Equalized Odds. Ces métriques permettent aux utilisateurs d'évaluer systématiquement l'équité de leurs modèles et d'identifier des domaines spécifiques où des injustices pourraient exister.

En outre, AIF360 met à disposition plusieurs algorithmes conçus pour atténuer les biais. Ces algorithmes peuvent être appliqués à différentes phases de l'apprentissage et du développement des modèles. Lors du prétraitement, les données peuvent être transformées de manière à réduire les biais existants. Pendant l'in-processing, les biais sont adressés directement dans le processus d'entraînement en adaptant les algorithmes afin d'obtenir des prédictions plus justes. Enfin, lors du post-traitement, des ajustements peuvent être apportés aux résultats afin de garantir que les prédictions restent justes, même si les modèles sous-jacents présentent des biais.

Une autre caractéristique importante d'AIF360 est la mise à disposition de notebooks Jupyter interactifs et de tutoriels complets. Ces ressources permettent aux utilisateurs de comprendre plus facilement les différentes métriques et algorithmes d'atténuation des biais et de les intégrer dans leurs propres flux de travail d'apprentissage automatique. Les notebooks fournissent des exemples pratiques et des instructions pas à pas qui facilitent la mise en œuvre et l'utilisation des outils AIF360.

Comme AIF360 a été développé en Python, il s'intègre parfaitement dans les flux de travail d'apprentissage automatique existants. Cela en fait un outil flexible et accessible pour les développeurs et les scientifiques des données intéressés par le développement de systèmes d'IA équitables et éthiques. La structure d'AIF360, basée sur Python, permet d'utiliser les outils et les algorithmes à différentes étapes du processus de modélisation, garantissant ainsi l'équité de bout en bout.

En résumé, AI Fairness 360 est une boîte à outils précieuse pour l'analyse et l'atténuation des biais dans les modèles d'apprentissage automatique. Grâce à ses métriques complètes, ses algorithmes et ses ressources de soutien, il offre aux développeurs et aux scientifiques des données les outils nécessaires pour concevoir des systèmes d'IA justes et équitables.

Indicateurs d'équité

Fairness Indicators est un outil développé par Google pour aider les développeurs à créer des modèles d'apprentissage automatique équitables et responsables. Il offre un moyen simple, évolutif et flexible de calculer et d'évaluer des métriques d'équité.

Cet outil permet d'évaluer les métriques d'équité à travers différents groupes démographiques, ce qui est particulièrement important pour s'assurer que les modèles d'apprentissage automatique ne présentent pas de préjugés systématiques envers certains groupes. Grâce à l'analyse et à la vérification systématiques, les développeurs peuvent s'assurer que leurs modèles prennent des décisions équitables, indépendamment de facteurs tels que le sexe, l'âge, l'appartenance ethnique ou d'autres caractéristiques démographiques.

Une caractéristique essentielle de Fairness Indicators sont les outils de visualisation qui permettent aux développeurs de créer des tableaux de bord d'équité. Ces tableaux de bord offrent un moyen intuitif et facile à comprendre de visualiser et de surveiller l'équité d'un modèle. Grâce à la représentation graphique des métriques d'équité, les développeurs et les parties prenantes peuvent identifier rapidement et efficacement les éventuels cas d'injustice et les points à améliorer.

Fairness Indicators a été spécialement conçu pour être intégré dans les workflows TensorFlow. Il s'intègre de manière transparente dans TensorFlow Extended (TFX), ce qui permet aux développeurs d'intégrer les évaluations d'équité directement dans leurs pipelines d'apprentissage automatique existants. Cela assure un suivi et une amélioration continus de l'équité tout au long du processus de développement et de déploiement des modèles.

Bien que Fairness Indicators soit optimisé pour l'intégration avec TensorFlow, il supporte également d'autres frameworks. Cela offre aux développeurs la flexibilité d'utiliser l'outil dans différents environnements d'apprentissage automatique, quelle que soit la technologie spécifique qu'ils préfèrent. Cette interopérabilité garantit que Fairness Indicators sera largement utilisé et pourra contribuer à améliorer l'équité dans différents contextes.

En résumé, Fairness Indicators de Google offre une ressource précieuse aux développeurs qui souhaitent créer des modèles d'apprentissage automatique équitables et responsables. Grâce à ses puissants outils de calcul et de visualisation des métriques d'équité et à son intégration transparente dans les flux de travail TensorFlow, il garantit que les développeurs peuvent systématiquement évaluer et améliorer l'équité de leurs modèles. Ces caractéristiques font de Fairness Indicators un outil indispensable dans le développement de systèmes d'IA éthiques.

Fairlearn

Fairlearn est un projet open source de Microsoft qui aide les développeurs à identifier et à corriger les problèmes d'équité dans leurs modèles d'apprentissage automatique. Cet ensemble d'outils offre des ressources complètes pour évaluer et atténuer les biais, ce qui en fait un outil important pour le développement de systèmes d'IA équitables et éthiques.

Les métriques d'équité et les algorithmes d'atténuation des biais constituent une caractéristique centrale de Fairlearn. Ces métriques permettent aux développeurs d'évaluer systématiquement l'équité de leurs modèles en analysant différents groupes démographiques et en montrant comment différents groupes peuvent être traités différemment. Les algorithmes d'atténuation des biais offrent des techniques spécifiques permettant de réduire ou d'éliminer les biais identifiés. Ces algorithmes peuvent être appliqués à différentes étapes de l'apprentissage du modèle afin de garantir que les modèles qui en résultent sont justes et équitables.

Une autre caractéristique importante de Fairlearn sont les outils de visualisation qui servent à illustrer les problèmes d'équité. Ces visualisations permettent aux développeurs de présenter les résultats de leurs analyses d'équité de manière intuitive et facile à comprendre. Grâce à la représentation graphique des métriques d'équité et des mesures d'atténuation des biais, les développeurs et les parties prenantes peuvent rapidement voir où se situent les injustices et quelle est l'efficacité des mesures correctives appliquées. Cette transparence visuelle est essentielle pour instaurer la confiance dans l'équité des modèles et pour prendre des décisions éclairées sur leur utilisation.

Fairlearn est compatible avec les cadres d'apprentissage automatique courants tels que scikit-learn, ce qui facilite son intégration dans les flux de travail existants. Cette compatibilité garantit que les développeurs peuvent facilement intégrer l'ensemble d'outils dans leurs pipelines d'apprentissage automatique existants. Cette intégration transparente permet d'intégrer des analyses d'équité et des stratégies d'atténuation des biais directement dans le processus de développement, ce qui garantit des améliorations continues de l'équité des modèles.

Comme Fairlearn est basé sur Python, il s'intègre de manière flexible dans différents flux de travail d'apprentissage automatique. Cette flexibilité en fait un outil polyvalent qui peut être utilisé dans différents contextes et domaines d'application. Les développeurs peuvent utiliser Fairlearn pour créer de nouveaux modèles ainsi que pour vérifier et améliorer les modèles existants, ce qui permet une large utilisation de l'ensemble d'outils.

Dans l'ensemble, Fairlearn de Microsoft offre une solution complète pour détecter et résoudre les problèmes d'équité dans les modèles d'apprentissage automatique. Grâce à ses puissantes métriques d'équité, ses algorithmes d'atténuation des biais et ses outils de visualisation clairs, il garantit que les développeurs sont en mesure de concevoir des systèmes d'IA équitables et responsables. Ces caractéristiques font de Fairlearn un outil indispensable dans le développement moderne de l'apprentissage automatique.

Outil What-If

L'outil What-If de Google est un outil puissant qui permet aux développeurs d'examiner leurs modèles en profondeur et de jouer différents scénarios afin d'analyser l'impact sur l'équité. Il vise à améliorer la transparence et la compréhension des modèles d'apprentissage automatique en fournissant des visualisations interactives et conviviales.

L'une des principales caractéristiques de l'outil What-If sont les visualisations interactives pour l'évaluation des modèles. Ces visualisations permettent aux développeurs de comprendre de manière intuitive comment leurs modèles fonctionnent et comment ils réagissent à différentes données d'entrée. La représentation graphique des résultats des modèles permet d'identifier et d'analyser plus facilement les relations complexes et les problèmes d'équité potentiels. Ces visualisations sont particulièrement utiles pour comparer la performance du modèle à travers différents groupes démographiques et pour mettre en évidence des injustices systématiques.

Une autre caractéristique centrale de l'outil What-If est la possibilité de jouer des scénarios "what-if". Les développeurs peuvent apporter des modifications hypothétiques aux données d'entrée et observer comment ces modifications affectent les prédictions du modèle. Cette fonction est extrêmement précieuse pour comprendre la robustesse et l'équité d'un modèle lorsque certains paramètres changent. Elle offre un aperçu approfondi de la sensibilité du modèle et permet d'identifier et d'aborder les faiblesses potentielles et les sources de biais.

L'outil What-If prend en charge les modèles développés avec TensorFlow et AI Platform, ce qui l'intègre de manière transparente dans les écosystèmes Google existants. Cette prise en charge facilite l'intégration de l'outil dans les projets d'apprentissage automatique existants et la mise en œuvre de l'évaluation des modèles dans le processus de développement. Les développeurs peuvent analyser leurs modèles TensorFlow directement dans l'outil What-If et visualiser les résultats en temps réel.

Un autre atout de l'outil What-If est sa capacité d'intégration avec les ordinateurs portables Jupyter et d'autres environnements de développement. Cela permet aux développeurs d'intégrer l'outil dans leurs environnements de travail préférés et d'intégrer de manière transparente l'évaluation et l'analyse des modèles dans leurs flux de travail existants. La flexibilité et la facilité d'utilisation de l'outil en font un complément précieux pour tout environnement de développement d'apprentissage automatique.

Dans l'ensemble, l'outil What-If de Google offre une solution complète pour l'étude et l'analyse des modèles d'apprentissage automatique, avec un accent particulier sur l'équité. Les visualisations interactives et la possibilité de jouer des scénarios "what if" offrent un aperçu approfondi du fonctionnement et de l'équité des modèles. La prise en charge de TensorFlow et de AI Platform, ainsi que la capacité d'intégration avec les ordinateurs portables Jupyter et d'autres environnements de développement, en font un outil indispensable pour les développeurs qui souhaitent créer des systèmes d'IA équitables et transparents.

Themis-ML

Themis-ML est une boîte à outils open source dont l'objectif est de détecter et de réduire les biais dans les modèles d'apprentissage automatique. Cette boîte à outils met à disposition une vaste collection d'outils spécialement conçus pour l'analyse et la réduction des biais. Themis-ML s'adresse aux développeurs et aux scientifiques des données qui souhaitent créer des modèles d'apprentissage automatique équitables et éthiques.

Une caractéristique centrale de Themis-ML est la prise en charge de différentes métriques de biais et techniques d'atténuation. Ces métriques de biais permettent aux utilisateurs d'évaluer systématiquement l'équité de leurs modèles en analysant différents groupes démographiques et en identifiant les inégalités dans les prédictions des modèles. En utilisant ces métriques, les développeurs peuvent cibler les domaines dans lesquels leurs modèles peuvent être discriminatoires.

En plus des métriques de biais, Themis-ML propose également une série de techniques pour atténuer les biais.

Ces techniques peuvent être utilisées à différentes étapes du processus d'apprentissage automatique afin de garantir que les modèles résultants sont justes et équitables. Les techniques d'atténuation vont des ajustements des données avant l'apprentissage du modèle (pré-traitement) aux modifications pendant le processus d'apprentissage (in-traitement) et aux post-traitements des résultats du modèle (post-traitement). L'application de ces techniques permet aux développeurs de réduire ou d'éliminer les biais systématiques dans leurs modèles.

Themis-ML est compatible avec le framework d'apprentissage automatique largement utilisé scikit-learn. Cette compatibilité garantit que les développeurs peuvent facilement intégrer Themis-ML dans leurs flux de travail scikit-learn existants. Cette intégration transparente permet d'intégrer l'analyse et l'atténuation des biais directement dans le processus de développement, sans nécessiter d'adaptations importantes ou de ressources supplémentaires.

Comme Themis-ML est basé sur Python, il peut être intégré de manière flexible et simple dans différents environnements d'apprentissage automatique. Cette flexibilité en fait un outil polyvalent qui peut être utilisé dans différents contextes et domaines d'application. Les développeurs peuvent utiliser Themis-ML pour créer de nouveaux modèles ainsi que pour vérifier et améliorer les modèles existants, ce qui garantit une large application de l'ensemble d'outils.

Dans l'ensemble, Themis-ML offre une solution complète pour la détection et la réduction des biais dans les modèles d'apprentissage automatique. Grâce à sa prise en charge de différentes métriques de biais et techniques d'atténuation, ainsi qu'à sa compatibilité avec scikit-learn, il garantit que les développeurs sont en mesure de concevoir des systèmes d'IA équitables et responsables. Sa structure basée sur Python et sa facilité d'intégration dans les flux de travail existants font de Themis-ML un outil indispensable dans le développement moderne de l'apprentissage automatique.

LIME (Local Interpretable Model-agnostic Explanations)

LIME (Local Interpretable Model-agnostic Explanations) est un outil d'interprétation de modèles qui aide les développeurs à mieux comprendre les processus de décision de leurs modèles d'apprentissage automatique. Il fournit une analyse approfondie des décisions du modèle en montrant quelles caractéristiques influencent les décisions. Cela peut également aider à identifier et à analyser les biais.

Une caractéristique centrale de LIME est sa capacité à expliquer les décisions de modèle par des modèles interprétables localement. LIME fonctionne en approximant localement les prédictions d'un modèle complexe par des modèles plus simples et interprétables. Ces modèles locaux offrent une représentation compréhensible qui permet aux développeurs de voir quelles caractéristiques influencent le plus la prédiction du modèle dans un contexte donné (c'est-à-dire à proximité d'un point de données donné). Grâce à cette interprétation locale, les développeurs peuvent comprendre comment le modèle fonctionne dans des cas spécifiques, ce qui augmente la transparence et la confiance dans les prédictions du modèle.

Un autre avantage de LIME est qu'il prend en charge différents types de modèles et de données. Il est model-agnostic, ce qui signifie qu'il est compatible avec une grande variété de types de modèles, y compris les arbres de décision, les réseaux neuronaux et les machines vectorielles de support. De même, LIME peut travailler avec différents types de données, qu'il s'agisse de données structurées, de données textuelles ou de données d'images. Cette polyvalence fait de LIME un outil extrêmement utile dans diverses applications d'apprentissage automatique.

LIME est basé sur Python et s'est largement répandu dans la communauté de l'apprentissage automatique. L'implémentation en Python facilite l'intégration dans les flux de travail d'apprentissage automatique existants et permet une manipulation et une utilisation simples. Les développeurs peuvent intégrer LIME dans leurs analyses afin de vérifier la logique de décision de leurs modèles et d'identifier les biais potentiels. Une documentation complète et de nombreux exemples issus de la communauté aident les utilisateurs à utiliser LIME efficacement et à profiter de l'expérience des autres.

En résumé, LIME offre une méthode précieuse d'interprétation des décisions de modélisation et de détection des biais. La capacité d'expliquer des prédictions de modèles complexes par des modèles interprétables localement permet aux développeurs d'acquérir une compréhension plus approfondie du fonctionnement de leurs modèles. La prise en charge de différents types de modèles et de jeux de données, ainsi que l'utilisation répandue dans la communauté de l'apprentissage automatique basée sur Python, font de LIME un outil indispensable pour le développement de systèmes d'IA transparents et équitables.

SHAP (SHapley Additive exPlanations)

SHAP (SHapley Additive exPlanations) est un outil avancé d'interprétation de modèles basé sur les valeurs de Shapley. Il aide les développeurs à comprendre les contributions des caractéristiques individuelles à la décision de modèle. SHAP utilise les concepts de la théorie des jeux pour garantir une attribution juste et cohérente des influences des caractéristiques sur les prédictions du modèle.

Une caractéristique centrale de SHAP est le calcul des valeurs de Shapley pour expliquer les prédictions des modèles. Les valeurs de Shapley offrent une méthode mathématiquement fondée pour quantifier l'influence de chaque caractéristique sur la prédiction d'un modèle. Ces valeurs sont particulièrement utiles car elles représentent non seulement la contribution de chaque caractéristique à la prédiction, mais garantissent également que la somme des valeurs de Shapley de toutes les caractéristiques reflète correctement la différence entre la prédiction et la valeur moyenne des prédictions. Cela permet une répartition équitable des facteurs d'influence et aide les développeurs à comprendre comment et pourquoi un modèle prend certaines décisions.

En outre, SHAP propose des outils de visualisation puissants qui facilitent l'interprétation des résultats. Parmi ces visualisations, on trouve les Summary Plots, les Dependence Plots, les Force Plots et les Interaction Plots. Ces représentations graphiques aident à saisir intuitivement les influences des caractéristiques sur les prédictions du modèle et à identifier les relations complexes entre les caractéristiques et les décisions du modèle. Les Force Plots, en particulier, offrent une vue détaillée qui montre comment les caractéristiques individuelles s'additionnent pour donner une prédiction donnée.

SHAP est basé sur Python et est compatible avec de nombreux cadres d'apprentissage automatique courants tels que scikit-learn, XGBoost, LightGBM, Keras, et TensorFlow. Cette compatibilité facilite l'intégration de SHAP dans les flux de travail d'apprentissage automatique existants et permet aux développeurs d'intégrer de manière transparente l'interprétation des modèles dans leur processus de développement. La prise en charge complète de différents frameworks fait de SHAP un outil polyvalent et flexible qui peut être utilisé dans une grande variété de scénarios d'application.

En résumé, SHAP offre une méthode précise et cohérente d'interprétation des modèles grâce au calcul des valeurs de Shapley. Les outils de visualisation de SHAP aident les développeurs à interpréter les résultats de ces calculs de manière compréhensible et intuitive. Grâce à sa structure basée sur Python et à sa large compatibilité avec différents cadres d'apprentissage automatique, SHAP est un outil indispensable pour la création de modèles d'apprentissage automatique transparents et compréhensibles. L'utilisation de SHAP aide les développeurs à mieux comprendre la prise de décision de leurs modèles et à s'assurer que leurs modèles sont justes et responsables.

DEon (feuilles de données pour les feuilles de données)

DEon est un outil développé par le Partnership on AI pour aider les développeurs à créer une documentation systématique pour leurs ensembles de données. Ces "fiches de données" offrent une méthode structurée de collecte et de présentation des informations importantes sur les ensembles de données, ce qui constitue une étape cruciale pour identifier et éviter les biais.

Une caractéristique essentielle de DEon est la mise à disposition de modèles et de directives pour la création de fiches de données. Ces modèles aident les développeurs à documenter tous les aspects pertinents d'un ensemble de données, y compris l'origine des données, les méthodes de traitement des données et les éventuels biais connus. En documentant systématiquement ces informations, les développeurs peuvent acquérir une compréhension plus approfondie de leurs ensembles de données et identifier et cibler rapidement les sources potentielles de biais.

DEon prend en charge la documentation de l'origine des données, des méthodes de traitement et des distorsions connues. Ceci est particulièrement important car il crée de la transparence et permet une traçabilité détaillée. En enregistrant précisément l'origine et le traitement des données, les développeurs peuvent mieux comprendre comment et pourquoi certaines distorsions sont apparues et prendre des mesures ciblées pour les atténuer.

L'application de DEon peut être intégrée de manière transparente dans le processus de gestion des données. Cela permet aux développeurs de faire de la création et de la maintenance des fiches de données une partie intégrante de leur flux de travail, ce qui garantit un suivi et une documentation continus des ensembles de données.

L'utilisation efficace d'outils et de cadres pour garantir l'équité et la transparence des modèles d'apprentissage automatique nécessite une intégration dans les flux de travail d'apprentissage automatique existants. Un processus typique pourrait se présenter comme suit :

- Préparation des données : avant la modélisation, l'ensemble des données est contrôlé par des outils tels que AIF360 ou Fairlearn afin de détecter les biais. Des techniques de prétraitement sont alors appliquées pour nettoyer et ajuster les données afin de minimiser les biais. DEon est utilisé pour créer des fiches de données complètes qui documentent l'origine, le traitement et les biais connus des données.

- Formation au modèle : pendant la formation, des techniques in-processing sont appliquées pour réduire les biais. Cela pourrait inclure la mise en œuvre de contraintes d'équité ou l'utilisation de réseaux adversaires visant à développer des modèles équitables et équilibrés.
- Évaluation du modèle : après la formation, le modèle est évalué à l'aide d'outils tels que l'outil What-If (WIT), Fairness Indicators ou SHAP, afin de s'assurer qu'il est juste et impartial. Ces outils fournissent un aperçu détaillé des décisions relatives au modèle et permettent d'identifier et d'aborder les sources potentielles de biais.
- Suivi régulier : une fois le modèle déployé, les performances font l'objet d'un suivi continu et sont régulièrement vérifiées à l'aide des outils susmentionnés afin de s'assurer qu'aucun nouveau biais n'apparaît. Ce suivi régulier est essentiel pour garantir que le modèle reste équitable, même lorsque les conditions évoluent.

En intégrant ces outils et ces cadres dans l'ensemble du processus d'apprentissage automatique, les développeurs peuvent s'assurer que leurs modèles sont équitables, transparents et responsables. L'utilisation systématique de ces méthodes contribue à instaurer la confiance dans les systèmes d'IA et à renforcer les normes éthiques dans le développement de l'apprentissage automatique.

En utilisant ces outils et techniques, les développeurs peuvent s'assurer que leurs systèmes d'IA sont équitables, transparents et dignes de confiance. Cela est essentiel pour gagner la confiance des utilisateurs et favoriser l'acceptation à long terme des technologies d'IA dans la société.

Transparence des algorithmes et des modèles

La transparence des algorithmes et des modèles est un facteur essentiel pour favoriser la confiance dans l'intelligence artificielle et l'apprentissage automatique. La transparence signifie que le fonctionnement des algorithmes et les processus de décision des modèles sont compréhensibles et intelligibles pour les développeurs, les utilisateurs et les personnes concernées. Cela nécessite une combinaison de mesures techniques, de bonnes pratiques et de stratégies organisationnelles. Voici quelques techniques pour promouvoir la transparence des algorithmes et des modèles.

IA explicable (Explainable AI, XAI)

L'IA explicable vise à rendre compréhensibles les processus de décision des modèles d'IA. Cela implique le développement de modèles et d'algorithmes qui peuvent expliquer leurs décisions d'une manière compréhensible pour les humains. Les méthodes d'IA explicable sont

L'explication des modèles dans l'apprentissage automatique est essentielle pour accroître la confiance et l'acceptation de ces technologies dans différentes applications. Les méthodes LIME, SHAP ainsi que les méthodes internes aux modèles et les cartes de modèles sont décrites et comparées plus en détail dans les paragraphes suivants.

LIME (Local Interpretable Model-agnostic Explanations)

LIME est une technique qui vise à rendre compréhensibles les prédictions de n'importe quel modèle en créant des modèles locaux interprétables qui imitent les décisions d'un modèle complexe à proximité d'un point de données donné. LIME fonctionne en générant des ensembles de données légèrement modifiés et en observant les effets de ces modifications sur les prédictions du modèle. En adaptant un modèle interprété simple, comme une régression linéaire, à ces ensembles de données modifiés, LIME peut montrer comment chaque caractéristique contribue à la prédiction. Cela permet d'avoir une vision détaillée des processus de décision du modèle au niveau local.

SHAP (SHapley Additive exPlanations)

Les valeurs SHAP sont basées sur les principes de la théorie des jeux et offrent une méthode cohérente pour attribuer des valeurs d'influence à chaque caractéristique sur la prédiction du modèle. Les valeurs SHAP quantifient la contribution de chaque caractéristique à la différence entre la prédiction réelle et une prédiction de base en analysant les effets de toutes les combinaisons possibles de caractéristiques. Cette propriété additive de SHAP permet une explication complète et transparente des prédictions du modèle, car elle montre clairement la contribution de chaque caractéristique à la sortie totale du modèle.

Méthodes internes au modèle

Modèles transparents

Les modèles simples tels que les arbres décisionnels, les modèles de régression linéaire et les systèmes basés sur des règles sont intrinsèquement plus compréhensibles et plus transparents que les modèles complexes tels que les réseaux neuronaux profonds. Ces modèles intrinsèquement transparents offrent une interprétation claire et intuitive des relations entre les données d'entrée et les prédictions. Les arbres de décision, par exemple, visualisent les chemins décisionnels que le modèle emprunte pour parvenir à une prédiction donnée, ce qui permet d'expliquer la logique du modèle de manière facilement compréhensible.

Mécanismes d'attention

Dans les réseaux neuronaux, en particulier dans les modèles séquentiels tels que les RNN ou les transformateurs, des mécanismes d'attention peuvent être utilisés pour mettre en évidence les parties pertinentes des données d'entrée qui contribuent à la prédiction. Ces mécanismes pondèrent différentes parties de la séquence d'entrée en fonction de leur pertinence pour la prédiction en cours. Il est ainsi possible de visualiser la focalisation du modèle sur certains points de données et de comprendre quelles parties de l'entrée contribuent le plus à la sortie.

Documentation et communication

Les Model Cards, développées par Google AI, fournissent une documentation standardisée pour les modèles ML. Elles contiennent des informations complètes sur le développement, le domaine d'application, les métriques de performance et les limites connues d'un modèle. Cette documentation vise à promouvoir la transparence et à aider les utilisateurs à comprendre les forces et les faiblesses d'un modèle. En fournissant des informations structurées et détaillées, les Model Cards favorisent l'utilisation responsable et la confiance dans les modèles ML en apportant de la clarté sur leur fonctionnement et leurs limites d'utilisation.

Le choix de la méthode appropriée pour expliquer les modèles ML dépend fortement de l'application et des exigences spécifiques. LIME et SHAP offrent des approches flexibles, indépendantes du modèle, pour rendre compréhensibles les prédictions de modèles complexes. Les méthodes internes au modèle, telles que les modèles transparents et les mécanismes d'attention, offrent en revanche une intelligibilité et une traçabilité naturelles. Les cartes de modèles complètent ces approches techniques par une documentation complète et favorisent ainsi la transparence et la confiance dans les modèles ML.

Chacune de ces méthodes a ses propres points forts et se prête plus ou moins bien, selon le contexte et les besoins, à l'amélioration de l'explicabilité des modèles et donc à l'augmentation de leur acceptation et de leur fiabilité.

Feuilles de données pour les feuilles de données

La transparence des algorithmes et des modèles est essentielle pour renforcer la confiance dans les systèmes d'IA. L'utilisation de méthodes d'IA explicables, une documentation complète, l'utilisation d'outils d'équité, des mesures techniques et des stratégies organisationnelles sont essentielles pour garantir que les modèles d'IA sont transparents, équitables et responsables. Ces mesures contribuent à favoriser l'acceptation et la confiance dans les technologies d'IA et à exploiter pleinement leur potentiel pour le bien de la société.

Les fiches de données pour les ensembles de données, développées par le Partnership on AI, servent à documenter systématiquement les ensembles de données. Elles contiennent des informations sur l'origine des données, les méthodes de collecte, les étapes de traitement et les biais connus. Cette transparence dans les sources de données est essentielle pour l'évaluation de la qualité des modèles.

AI Fairness 360 (AIF360) offre un grand nombre de métriques pour l'analyse des biais et d'algorithmes pour l'atténuation des biais. En utilisant ces outils, les développeurs peuvent s'assurer que leurs modèles sont équitables et non biaisés. Les résultats de ces analyses doivent être documentés et communiqués de manière transparente. Fairlearn, développé par Microsoft, propose également des outils d'évaluation et d'atténuation des biais dans les modèles d'apprentissage automatique. Il permet d'analyser et de visualiser les métriques d'équité, ce qui contribue à la transparence des décisions relatives aux modèles.

Les pistes d'audit enregistrent toutes les décisions et tous les processus qui ont lieu pendant le développement et l'exploitation d'un modèle d'IA. Ces enregistrements peuvent être utilisés pour comprendre comment et pourquoi certaines décisions ont été prises, ce qui contribue à la transparence et à la responsabilité. En outre, les développeurs devraient divulguer l'architecture du modèle et les hyperparamètres utilisés. Cela permet à d'autres de mieux comprendre la structure et le fonctionnement du modèle. En publiant le code source et les algorithmes, les développeurs peuvent accroître la transparence de leurs modèles. Les projets open source permettent à la communauté d'examiner, de valider et d'améliorer les algorithmes.

Des équipes interdisciplinaires combinant une expertise dans différents domaines, tels que la science des données, l'éthique, le droit et la connaissance du domaine, peuvent offrir une perspective plus complète sur le développement et l'utilisation des modèles d'IA. Cette diversité favorise la transparence et la compréhension des modèles. Les organisations devraient proposer régulièrement des formations et des programmes de sensibilisation afin d'informer les employés sur l'importance de la transparence, de l'équité et de la responsabilité dans les systèmes d'IA. Les organisations devraient élaborer et mettre en œuvre des politiques éthiques et des programmes de conformité qui promeuvent les principes de transparence et d'équité dans le développement et l'utilisation de l'IA. Cela implique également la mise en place de comités d'éthique chargés de contrôler le respect de ces directives.

La transparence des algorithmes et des modèles peut être obtenue en combinant ces différentes approches et mesures. Les développeurs et les organisations doivent s'efforcer en permanence d'améliorer leurs pratiques et d'intégrer les principes de transparence et d'équité dans leurs processus. Ce n'est qu'au prix de ces efforts globaux que le plein potentiel des technologies d'IA pourra être exploité de manière responsable et pour le bien de la société.

Importance de la transparence pour la confiance

La transparence dans le développement et l'utilisation de l'IA est fondamentale pour la confiance dans ces technologies. La confiance dans les systèmes d'IA ne s'installe pas d'elle-même ; elle doit être construite par des mesures minutieuses et conscientes qui garantissent que les processus, les algorithmes et les mécanismes de décision de l'IA sont clairs et compréhensibles pour toutes les parties concernées. La transparence joue un rôle crucial à cet égard, en créant les bases de la confiance et de l'acceptation.

Lorsque les utilisateurs, les développeurs et le grand public ne comprennent pas le fonctionnement des systèmes d'IA, un scepticisme naturel s'installe. Ce scepticisme est souvent le résultat d'une incertitude et d'une méconnaissance de la manière dont les modèles d'IA prennent des décisions. Sans une compréhension claire des mécanismes et logiques sous-jacents, une certaine imprévisibilité persiste, ce qui mine la confiance. La transparence permet de combler cette lacune en offrant un aperçu des processus internes de l'IA. Lorsque les processus sont exposés et que les décisions peuvent être expliquées, les utilisateurs se sentent plus en sécurité et ont davantage confiance dans la technologie.

Un aspect essentiel de la transparence est l'explicabilité des décisions d'IA. L'IA explicable (XAI) vise à rendre compréhensible la prise de décision des modèles. Cela signifie que les modèles ne se contentent pas de fournir des résultats, mais qu'ils permettent également de comprendre pourquoi et comment ces résultats ont été obtenus. Si les utilisateurs comprennent les raisons derrière une décision, ils peuvent mieux évaluer la justesse et l'adéquation de cette décision. Cela est particulièrement important dans des domaines sensibles tels que la santé, la justice ou la finance, où l'impact des décisions d'IA peut affecter directement la vie et le bien-être des personnes.

La transparence favorise également l'obligation de rendre des comptes. Lorsque les processus et les décisions des systèmes d'IA sont exposés, les développeurs et les opérateurs peuvent être tenus responsables. Cela crée un mécanisme de vérification et de contrôle qui garantit que les systèmes sont exploités conformément aux normes éthiques et juridiques. La possibilité d'examiner et d'auditer les décisions d'IA par des parties indépendantes renforce la confiance dans l'intégrité et l'équité des systèmes. Sans cette possibilité, les mauvaises décisions et les biais pourraient ne pas être détectés, ce qui nuirait considérablement à la confiance.

La divulgation des architectures de modèles, des algorithmes et des ensembles de données est un autre élément important de la transparence. Lorsque les développeurs divulguent leurs modèles et les sources de données utilisées, ils permettent un examen et une évaluation approfondis par la communauté scientifique et les autres parties prenantes. Cela favorise non seulement la confiance, mais contribue également à l'amélioration et au développement continus de la technologie. Les modèles et données ouverts permettent à d'autres d'identifier les erreurs et les faiblesses et de faire des propositions d'optimisation. Cette approche collaborative renforce la robustesse et la fiabilité des systèmes d'IA.

En outre, la transparence joue un rôle crucial dans la perception de l'équité. Si les utilisateurs et les personnes concernées comprennent comment les décisions sont prises et quelles données sont utilisées, ils peuvent mieux évaluer si les processus sont équitables et impartiaux. Cela est particulièrement pertinent dans les contextes où des biais historiques et des discriminations peuvent être présents dans les données. En rendant publics les processus de traitement des données et de prise de décision, les développeurs peuvent s'assurer que leurs systèmes sont équitables et inclusifs. La transparence permet également d'identifier et d'aborder les biais à un stade précoce, avant qu'ils n'influencent les décisions relatives au modèle.

Un autre aspect de la transparence est la communication et la documentation claires des limites et des incertitudes des systèmes d'IA. Aucun modèle n'est parfait et il est important que les limites et les incertitudes de la technologie soient communiquées ouvertement. Si les utilisateurs savent dans quels domaines l'IA peut être imprécise ou incertaine, ils peuvent prendre des décisions plus éclairées sur l'utilisation et l'interprétation des résultats. Cette communication honnête contribue largement à prévenir les attentes irréalistes et à renforcer la confiance dans la technologie.

Enfin, la transparence contribue également à l'acceptation éthique de l'IA. Dans un monde où les considérations éthiques prennent de plus en plus d'importance, il est essentiel de présenter de manière transparente les fondements et les principes éthiques qui régissent le développement et le fonctionnement des systèmes d'IA. Cela inclut la divulgation des politiques éthiques, le respect des règles de confidentialité et la garantie que les systèmes favorisent le bien-être des utilisateurs et de la société dans son ensemble. La transparence dans ces domaines montre que les développeurs et les opérateurs prennent leurs responsabilités et prennent au sérieux l'impact de leur technologie sur la société.

Mise en œuvre de protocoles de sécurité

La mise en œuvre de protocoles de sécurité dans les systèmes d'intelligence artificielle (IA) est essentielle pour garantir leur intégrité, leur confidentialité et leur disponibilité. Les protocoles de sécurité protègent les systèmes d'IA contre un large éventail de menaces, notamment les cyberattaques, la manipulation des données et les accès non autorisés. Les aspects et stratégies suivants offrent une approche globale de la mise en œuvre de protocoles de sécurité efficaces.

Sécurité des données et protection des données

Le cryptage des données, tant au repos que pendant leur transfert, est une mesure de sécurité fondamentale. Cela empêche l'accès non autorisé et protège les informations sensibles contre le vol et l'abus. Les méthodes de cryptage symétrique et asymétrique, telles que AES et RSA, offrent des mécanismes de protection robustes. Un contrôle d'accès strict garantit que seuls les utilisateurs autorisés peuvent accéder aux données et au système d'IA. Cela comprend la mise en œuvre de l'authentification multifactorielle (MFA), du contrôle d'accès basé sur les rôles (RBAC) et des autorisations à granularité fine. La MFA renforce la sécurité en exigeant des facteurs d'authentification supplémentaires tels que la biométrie ou les mots de passe à usage unique.

Intégrité du modèle et du système

Des contrôles de sécurité et des tests d'intrusion réguliers sont essentiels pour identifier et corriger les vulnérabilités des systèmes d'IA. Ces tests doivent être effectués par des experts en sécurité indépendants afin de garantir que les vecteurs d'attaque potentiels sont identifiés et atténués. Les systèmes de contrôle de version (comme Git) et les pistes d'audit détaillées aident à suivre les modifications apportées aux modèles et à l'architecture du système. Cela facilite l'identification des modifications et des vulnérabilités potentielles introduites par des mises à jour logicielles ou des adaptations de modèles.

Protection contre les attaques adverses

Les modèles d'IA devraient être testés contre les attaques adversaires, qui utilisent des entrées malveillantes pour manipuler le modèle. Des techniques telles que l'entraînement adversaire, qui consiste à entraîner le modèle avec des données délibérément perturbées, peuvent augmenter la robustesse contre de telles attaques. Les systèmes de détection des anomalies peuvent identifier des activités ou des entrées inhabituelles qui pourraient indiquer une attaque. En surveillant les flux de données d'entrée et les prédictions du modèle, les modèles suspects peuvent être détectés à un stade précoce et des mesures appropriées peuvent être prises.

Des pratiques de développement sûres

Il est essentiel d'intégrer les considérations de sécurité dans l'ensemble du cycle de développement. Le cycle de vie du développement logiciel sécurisé (SDLC) comprend la planification, le développement, les tests, le déploiement et la maintenance des systèmes d'intelligence artificielle en tenant compte des exigences de sécurité. Les audits de sécurité et la modélisation des menaces doivent être effectués à chaque étape du SDLC. Des revues de code régulières et des analyses de code statiques permettent d'identifier les failles de sécurité et les vulnérabilités du code source. Des outils automatisés tels que SonarQube ou Checkmarx peuvent aider à identifier les problèmes de sécurité.

Protection des données et conformité

Il est essentiel de se conformer aux lois et directives sur la protection des données, telles que le règlement général sur la protection des données (RGPD) dans l'UE ou le California Consumer Privacy Act (CCPA). Cela implique la mise en œuvre de mesures de protection des données telles que la minimisation des données, la limitation des finalités et les droits des personnes concernées. Les techniques d'anonymisation et de pseudonymisation des données personnelles protègent la vie privée des utilisateurs. Cela réduit le risque de compromission d'informations sensibles en cas de fuite de données.

Surveillance continue et réponse aux incidents

Il est essentiel de surveiller en permanence les systèmes pour détecter les incidents de sécurité. Les systèmes de gestion des informations et des événements de sécurité (SIEM) agrègent et analysent les événements de sécurité en temps réel afin d'identifier rapidement les menaces. Un plan de réponse aux incidents clairement défini permet de s'assurer que l'équipe est prête à faire face aux incidents de sécurité. Ce plan doit comprendre des processus de détection, d'évaluation, d'atténuation et de résolution des incidents de sécurité, ainsi que de communication avec les parties prenantes.

Formation et sensibilisation

Des formations régulières et des programmes de sensibilisation pour les employés favorisent la prise de conscience des risques de sécurité et des meilleures pratiques. Les formations doivent se concentrer sur des sujets tels que le phishing, les pratiques sécurisées en matière de mots de passe et la détection des incidents de sécurité. Il est essentiel de promouvoir une culture de la sécurité au sein de l'organisation. Les employés devraient être encouragés à signaler les problèmes de sécurité potentiels et à contribuer activement à la sécurité des systèmes.

La mise en œuvre de protocoles de sécurité dans les systèmes d'IA est un processus multidimensionnel et continu qui implique des mesures technologiques, des bonnes pratiques et des stratégies organisationnelles. En assurant la sécurité des données, l'intégrité des modèles, la protection contre les attaques adverses, le respect de pratiques de développement sûres, la protection des données et la surveillance continue, les développeurs et les organisations peuvent créer des systèmes d'IA robustes et dignes de confiance. Ces mesures contribuent à renforcer la confiance dans les technologies d'IA et à encourager leur utilisation sûre et responsable.

Perspectives d'avenir

Développements actuels dans la recherche sur l'IA pour la prévention des erreurs

Les perspectives d'avenir de l'intelligence artificielle sont étroitement liées aux progrès continus de la recherche et du développement, notamment dans le domaine de la prévention des erreurs et de l'amélioration de la fiabilité et de l'équité des systèmes d'IA. Les développements et tendances suivants montrent comment la recherche en IA vise à minimiser les erreurs et à améliorer les performances et la fiabilité des technologies d'IA.

Amélioration de l'explicabilité et de la transparence

L'amélioration de l'explicabilité et de la transparence des modèles d'IA constitue un point central de la recherche future en matière d'IA. L'IA explicable (Explainable AI, XAI) devient de plus en plus importante pour surmonter la nature de "boîte noire" de nombreux systèmes d'IA. De nouvelles approches et technologies visent à rendre les processus de décision des modèles d'IA plus compréhensibles. Cela comprend le développement de méthodes de visualisation des processus de décision, la fourniture d'explications détaillées pour les prédictions individuelles et la mise en œuvre de modèles qui sont intrinsèquement compréhensibles.

Intégration des aspects éthiques et juridiques

Le respect des normes éthiques et juridiques devient de plus en plus important dans la recherche en IA. Les développements futurs visent à concevoir des systèmes d'IA qui ne répondent pas seulement à des exigences techniques, mais qui tiennent également compte de considérations éthiques. Il s'agit notamment d'intégrer des métriques d'équité, de garantir la protection des données et de tenir compte des directives éthiques lors du développement et de la mise en œuvre des systèmes d'IA. La recherche se concentre sur le développement d'algorithmes non discriminatoires et respectueux des droits et de la vie privée des utilisateurs.

Progrès en matière de robustesse et de sécurité

La robustesse des systèmes d'IA contre les attaques adverses et les entrées imprévues est un autre domaine de recherche important. De nouvelles techniques dans le domaine de l'entraînement adversaire et des contrôles de sécurité sont développées afin de rendre les modèles plus résistants aux manipulations et aux attaques. La surveillance et l'adaptation continues des modèles ainsi que la mise en œuvre de mécanismes de détection des anomalies contribuent à améliorer la sécurité et la fiabilité des systèmes d'IA.

Développement de modèles hybrides

Les modèles hybrides, qui combinent différentes techniques d'IA, constituent une approche prometteuse pour éviter les erreurs. Ces modèles utilisent les forces de différentes méthodes pour compenser les faiblesses des approches individuelles. Par exemple, les modèles hybrides peuvent combiner les réseaux neuronaux avec des systèmes basés sur des règles ou des méthodes statistiques afin d'obtenir des prédictions plus robustes et plus précises. La recherche dans ce domaine vise à intégrer les meilleures caractéristiques de différentes techniques et à développer des modèles qui sont plus polyvalents et plus fiables.

Apprentissage automatique des machines (AutoML)

Les techniques AutoML automatisent de nombreuses étapes du processus d'apprentissage automatique, notamment la sélection du modèle, l'optimisation des hyperparamètres et l'ingénierie des caractéristiques. Ces technologies permettent de minimiser les erreurs humaines et d'augmenter l'efficacité du développement de modèles. Les développements futurs d'AutoML viseront à optimiser davantage l'ensemble du flux de travail d'apprentissage automatique et à abaisser les barrières à l'utilisation de l'IA. L'automatisation des processus complexes permettra de créer des modèles plus précis et plus robustes plus rapidement et avec moins d'efforts.

Utilisation de Federated Learning

Federated Learning est une approche qui permet d'entraîner des modèles d'IA sur des sources de données distribuées sans avoir à centraliser les données. Cela améliore la protection des données et la sécurité, car les données sensibles ne doivent pas être transférées ou partagées. L'apprentissage fédéré contribue également à augmenter la généralisation des modèles en permettant de s'entraîner sur des ensembles de données multiples et décentralisés. Les développements futurs dans ce domaine viseront à améliorer l'efficacité et l'évolutivité de l'apprentissage fédéré et à permettre de nouvelles applications.

Amélioration de la détection des biais et des algorithmes d'équité

La détection et la correction des biais dans les modèles d'IA restent un domaine de recherche central. De nouveaux algorithmes et techniques de détection et d'atténuation des biais sont développés afin de garantir que les systèmes d'IA soient équitables et impartiaux. Ces techniques comprennent à la fois des méthodes de prétraitement pour nettoyer les données d'apprentissage et des méthodes de traitement et de post-traitement pour ajuster les modèles et leurs prédictions. Le développement continu de ces techniques contribuera à garantir l'équité et la justice des systèmes d'IA.

Utilisation de l'informatique quantique

L'informatique quantique a le potentiel d'augmenter considérablement les performances des systèmes d'intelligence artificielle. Les ordinateurs quantiques peuvent résoudre des calculs complexes et des problèmes d'optimisation beaucoup plus rapidement que les ordinateurs traditionnels. La recherche dans le domaine du Quantum Machine Learning étudie comment les algorithmes quantiques peuvent être utilisés pour améliorer les processus d'entraînement et résoudre des problèmes jusqu'ici insolubles. Les développements futurs dans ce domaine pourraient conduire à des progrès considérables en termes d'efficacité et de précision des modèles d'IA.

Élargissement de la coopération interdisciplinaire

La recherche future en matière d'IA sera de plus en plus interdisciplinaire et impliquera des experts de différents domaines tels que l'informatique, l'éthique, le droit, la sociologie et l'économie. Cette collaboration permet de développer des approches plus complètes et plus holistiques du développement et de la mise en œuvre des systèmes d'IA. Les équipes interdisciplinaires peuvent apporter des perspectives et des expertises différentes afin de garantir que les technologies d'IA sont utilisées de manière responsable et pour le bien de la société.

L'avenir de la recherche en IA pour la prévention des erreurs est marqué par une multitude de développements et d'approches passionnants. De l'amélioration de l'explicabilité et de la transparence à l'augmentation de la robustesse et de la sécurité, en passant par l'intégration des aspects éthiques et juridiques, le développement continu des technologies d'IA vise à garantir la fiabilité, l'équité et la confiance dans les systèmes d'IA. En utilisant de nouvelles techniques telles que les modèles hybrides, AutoML, l'apprentissage fédéré et l'informatique quantique, et en encourageant la collaboration interdisciplinaire, la recherche en IA continuera à développer des solutions innovantes pour éviter les erreurs et améliorer les performances. Ces avancées contribueront de manière décisive à l'exploitation de tout le potentiel des technologies d'IA et à la promotion de leur utilisation durable et responsable dans la société.

Nouvelles approches en matière de traitement des données et de modélisation

Le développement rapide de l'intelligence artificielle et de l'apprentissage automatique a donné lieu à une multitude de nouvelles approches en matière de traitement des données et de modélisation. Ces nouvelles méthodes visent à améliorer l'efficacité, la précision et la robustesse des systèmes d'IA. Voici quelques-unes des approches les plus innovantes qui sont actuellement développées et utilisées dans la recherche et la pratique.

Apprentissage par transfert

L'apprentissage par transfert est une approche qui consiste à transférer un modèle déjà pré-entraîné sur une grande quantité de données à une tâche spécifique, souvent plus petite. Cela permet d'entraîner des modèles plus rapidement et plus efficacement avec moins de données, car le modèle a déjà appris des caractéristiques et des structures de base. L'apprentissage par transfert est particulièrement utile dans les domaines où les données étiquetées sont rares, comme par exemple dans le traitement d'images médicales.

Apprentissage autosurveillé

L'apprentissage auto-supervisé (Self-Supervised Learning) est une approche émergente dans laquelle les modèles apprennent à partir de données non étiquetées en se supervisant eux-mêmes à partir du contexte des données. Cela peut être réalisé par des tâches telles que la prédiction des parties manquantes d'une image ou du prochain mot dans un texte. L'apprentissage auto-supervisé réduit la dépendance vis-à-vis de grands ensembles de données étiquetées et permet d'utiliser les énormes quantités de données non étiquetées disponibles.

Few-Shot Learning

Few-Shot Learning vise à développer des modèles qui peuvent apprendre à partir de quelques exemples. Cela est particulièrement utile dans les scénarios où seuls quelques points de données étiquetés sont disponibles. Des techniques telles que le méta-apprentissage, dans lesquelles le modèle apprend comment on apprend, sont des éléments clés de cette approche. Le Few-Shot Learning permet d'adapter et de déployer rapidement des systèmes d'IA dans de nouveaux domaines.

Modèles génératifs

Les modèles génératifs tels que les réseaux adversaires génératifs (GAN) et les codeurs automatiques variables (VAE) sont capables de générer de nouveaux points de données similaires aux données d'apprentissage. Ces modèles sont utilisés dans différentes applications, de la génération d'images à la synthèse de données, et permettent d'améliorer la disponibilité et la qualité des données. Ils sont particulièrement utiles pour l'augmentation des données et l'entraînement des modèles dans des environnements pauvres en données.

Réseaux de neurones graphiques (GNN)

Les Graph Neural Networks sont des modèles spécialisés conçus pour fonctionner sur des données pouvant être représentées sous forme de graphes. Cela est particulièrement utile pour les données présentant des relations complexes, telles que les réseaux sociaux, les structures moléculaires ou les réseaux de transport. Les GNN peuvent modéliser directement la topologie des données, ce qui permet de faire des prédictions plus précises et plus intuitives.

Apprentissage par renforcement (AR)

L'apprentissage par renforcement, et en particulier l'apprentissage par renforcement en profondeur, a connu des succès remarquables dans des domaines tels que les jeux, la robotique et la conduite autonome. Les modèles RL apprennent en interagissant avec leur environnement et reçoivent des récompenses ou des punitions pour certaines actions. Cette méthode est particulièrement efficace pour les problèmes impliquant des décisions séquentielles et une optimisation à long terme.

AI explicable (XAI)

L'IA explicable vise à rendre les processus de décision des modèles d'IA plus compréhensibles. Les nouvelles approches de l'IA explicable comprennent des techniques telles que SHAP (SHapley Additive exPlanations) et LIME (Local Interpretable Model-agnostic Explanations), qui aident à expliquer les contributions des caractéristiques individuelles aux prédictions d'un modèle. XAI est particulièrement important pour les applications dans les domaines réglementés, où la transparence et la traçabilité sont essentielles.

Méthodes bayésiennes

Les méthodes bayésiennes intègrent les incertitudes dans les prédictions du modèle, ce qui permet d'obtenir des résultats plus robustes et plus fiables. Ces méthodes sont particulièrement utiles dans les domaines où l'incertitude et la variabilité jouent un rôle important, comme la médecine ou les prévisions financières. Les réseaux bayésiens et les processus gaussiens sont des exemples de telles approches.

Edge AI

Edge AI fait référence à l'exécution de modèles d'IA directement sur des appareils en périphérie du réseau, comme les smartphones, les appareils IoT et les capteurs. Cela réduit les temps de latence et le besoin de transmission de données vers des serveurs centraux, ce qui augmente l'efficacité et la sécurité. Les nouveaux développements en matière de compression de modèles et d'accélération matérielle optimisée rendent l'Edge AI de plus en plus pratique et performante.

Modèles multimodaux

Les modèles multimodaux combinent des données provenant de différentes sources, telles que le texte, l'image et l'audio, afin d'obtenir des prédictions plus complètes et plus précises. Ces modèles sont particulièrement utiles pour les applications complexes telles que les véhicules autonomes, qui dépendent simultanément de données visuelles, auditives et d'autres données sensorielles. L'intégration de différentes modalités de données permet de développer des modèles plus riches et plus conscients du contexte.

Apprentissage continu

L'apprentissage continu (ou apprentissage tout au long de la vie) est une approche dans laquelle les modèles d'IA apprennent continuellement à partir de nouvelles données, sans oublier ce qu'ils ont déjà appris. Cela est particulièrement important pour les applications qui évoluent constamment, comme les recommandations personnalisées ou l'apprentissage adaptatif. Les techniques d'apprentissage continu permettent de résoudre le problème du "catastrophic forgetting", dans lequel un modèle apprend de nouvelles informations mais perd les anciennes.

Les nouvelles approches en matière de traitement des données et de modélisation font progresser la prochaine génération de systèmes d'IA en améliorant l'efficacité, la précision et la robustesse. Ces innovations permettent de relever les défis liés à la mise à l'échelle et à l'application de l'IA dans des scénarios réels. En intégrant ces méthodes avancées, les développeurs et les chercheurs peuvent s'assurer que les systèmes d'IA deviennent plus fiables, plus équitables et plus adaptables, ce qui conduira finalement à une acceptation et à une utilisation plus larges des technologies d'IA dans la société.

Initiatives et projets de recherche

Les initiatives et projets de recherche dans le domaine de l'IA jouent un rôle crucial dans la promotion de l'innovation et la résolution de défis complexes. Ces initiatives vont des programmes de recherche universitaires aux consortiums industriels et aux collaborations internationales et se concentrent sur différents aspects de l'IA, notamment l'apprentissage automatique, l'éthique, l'explicabilité et la robustesse.

OpenAI est une organisation de recherche de premier plan qui se concentre sur le développement et la promotion d'une intelligence artificielle (IA) sûre et générale. Un projet bien connu d'OpenAI est le GPT (Generative Pre-trained Transformer), connu pour ses avancées dans le domaine du traitement du langage naturel. OpenAI est également très impliqué dans la recherche sur la sécurité et l'éthique de l'IA et publie régulièrement des résultats de recherche et des outils accessibles à la communauté au sens large.

Google AI est le département de recherche de Google qui se concentre sur l'IA avancée et l'apprentissage automatique. Parmi les projets importants figurent TensorFlow, une bibliothèque logicielle open source pour l'apprentissage automatique, et le développement d'algorithmes pour les voitures autonomes, les diagnostics médicaux et le traitement du langage. Google AI promeut également l'explicabilité et l'équité de l'IA par le biais d'initiatives telles que l'outil What-If et les Model Cards.

DeepMind, une filiale d'Alphabet, est connue pour son travail de pionnier dans l'application de l'apprentissage profond et de l'apprentissage par renforcement. Un projet remarquable est AlphaGo, qui a vaincu pour la première fois un maître de go humain. DeepMind mène également des recherches intensives sur des applications dans le domaine médical, comme l'utilisation de l'IA pour prédire les maladies rénales et l'analyse des maladies oculaires.

Le Partnership on AI est une organisation à but non lucratif fondée par des entreprises technologiques de premier plan telles qu'Amazon, Apple, Facebook, Google et Microsoft. Elle vise à promouvoir la recherche et le dialogue sur les implications éthiques, sociales et économiques de l'IA. L'organisation soutient des projets et des groupes de travail qui traitent de sujets tels que l'équité, la transparence, l'explicabilité et la protection des données dans l'IA.

AI4EU est un projet européen financé par la Commission européenne qui vise à créer une plateforme commune pour l'IA en Europe. Le projet vise à soutenir la recherche et l'innovation en matière d'IA et à fournir un large éventail de services, d'outils et de données aux chercheurs, aux entreprises et aux décideurs politiques. AI4EU encourage également la collaboration entre les différents acteurs de l'écosystème de l'IA.

FAIR est le département de recherche de Facebook qui se concentre sur le développement des technologies d'intelligence artificielle. Les projets incluent des avancées dans la vision par ordinateur, le traitement du langage naturel et l'apprentissage automatique. FAIR publie régulièrement des travaux de recherche et des outils open source afin de soutenir la communauté de l'IA. Un projet remarquable est PyTorch, une bibliothèque open source pour l'apprentissage automatique qui est largement utilisée.

IBM Research AI est le département de recherche en IA d'IBM et a apporté d'importantes contributions au développement des technologies d'IA. Watson, le système informatique cognitif d'IBM, en est un exemple bien connu, utilisé dans différents domaines tels que la santé, les services financiers et l'éducation. IBM Research AI se concentre également sur l'explicabilité, l'équité et la sécurité des systèmes d'IA.

Le MIT-IBM Watson AI Lab est une initiative de recherche conjointe du Massachusetts Institute of Technology (MIT) et d'IBM. Le laboratoire mène des recherches sur un large éventail de sujets, dont les avancées fondamentales de l'IA, l'application de l'IA à l'industrie et l'étude de l'impact de l'IA sur la société. La collaboration vise à repousser les limites de l'IA et à développer des solutions innovantes à des problèmes réels.

L'initiative Human-Centered AI de l'université de Stanford encourage la recherche et le développement de systèmes d'IA centrés sur l'humain et éthiquement responsables. L'initiative étudie l'impact social et éthique de l'IA et développe des technologies qui favorisent le bien-être humain. HAI encourage la recherche et la collaboration interdisciplinaires afin de maximiser l'impact positif de l'IA sur la société.

L'Alan Turing Institute est l'institut national pour la science des données et l'IA au Royaume-Uni. Il encourage la recherche de pointe dans les domaines de l'apprentissage automatique, de la science des données et de l'IA. L'institut travaille en étroite collaboration avec des partenaires industriels et des institutions publiques afin de développer des solutions innovantes et de promouvoir l'application de l'IA dans différents secteurs.

OpenAI a fait des progrès significatifs dans la recherche multimodale en IA avec les projets DALL-E et CLIP. DALL-E est un modèle capable de générer des images réalistes à partir de descriptions textuelles, tandis que CLIP (Contrastive Language-Image Pretraining) vise à associer des images et du texte d'une manière qui permette une recherche et une interprétation visuelles puissantes. Ces projets montrent le potentiel de l'IA à aller au-delà des modalités individuelles et à accomplir des tâches complexes.

Initiative for the Integration of AI into Society (I-AIM) est une initiative mondiale qui se concentre sur l'intégration de l'IA dans la société. Elle encourage la recherche et le développement de technologies d'IA qui répondent aux défis sociaux et économiques. L'initiative travaille sur des projets visant à améliorer les soins de santé, l'éducation et l'administration publique en mettant en œuvre et en diffusant des solutions d'IA.

Conclusion

En fin de compte, il s'agit de savoir ce qui croît le plus vite : les chances ou les risques de l'intelligence artificielle

D'une part, l'IA offre de nombreux avantages et potentiels dans de nombreux domaines. En médecine, l'IA aide au diagnostic et au traitement des maladies, à la médecine personnalisée et au développement de nouveaux médicaments. Grâce à l'imagerie avancée et à l'analyse des données, l'IA permet d'établir des diagnostics plus précis et des plans de traitement plus efficaces. Dans l'économie également, l'IA contribue à augmenter la productivité et l'efficacité en automatisant et en optimisant les processus. En prenant en charge des tâches répétitives, les travailleurs humains peuvent se concentrer sur un travail plus créatif et plus complexe. En outre, l'IA aide à résoudre les problèmes environnementaux en identifiant des modèles dans de grandes quantités de données, ce qui permet d'utiliser les ressources plus efficacement et de réduire les émissions. Dans l'éducation et la recherche, l'IA élargit l'accès à la connaissance et accélère les découvertes scientifiques. Les applications quotidiennes telles que les recommandations personnalisées, les assistants vocaux et les véhicules autonomes améliorent le confort et l'efficacité de la vie quotidienne.

En même temps, il existe des risques et des défis considérables liés à l'utilisation de l'IA. L'un des principaux problèmes est le renforcement des préjugés et des discriminations existants lorsque les systèmes d'IA sont entraînés sur la base de données biaisées. Cela peut conduire à des décisions inéquitables dans des domaines tels que la justice pénale, l'octroi de crédits et l'emploi. L'automatisation par l'IA peut également entraîner des pertes d'emploi importantes, en particulier dans les secteurs qui dépendent fortement des tâches routinières. Cela nécessite des stratégies globales de reconversion et de formation de la main-d'œuvre concernée. Les risques de sécurité liés aux manipulations et aux cyberattaques constituent un autre danger, car des acteurs malveillants pourraient utiliser l'IA pour causer des dommages, que ce soit par des attaques ciblées, de la désinformation ou d'autres activités criminelles. De nombreux systèmes d'IA, en particulier ceux basés sur l'apprentissage profond, sont des "boîtes noires" dont les processus de décision sont difficiles à comprendre. Cela rend difficile la traçabilité et la responsabilité des décisions prises par l'IA. Le développement et l'utilisation de l'IA soulèvent également des questions éthiques complexes, notamment la responsabilité des décisions prises par les systèmes d'IA et les effets à long terme sur la société.

Les opportunités de l'IA augmentent parallèlement aux risques, et il est difficile de faire une déclaration générale sur le fait que les risques augmentent plus rapidement que les opportunités. Un point central est que la vitesse de croissance des risques et des opportunités dépend fortement de la réglementation, de la mise en œuvre de directives éthiques et de l'acceptation par la société. De nombreux risques peuvent être atténués grâce à un développement minutieux et réfléchi et à l'utilisation de protocoles de sécurité et d'éthique. Cela nécessite toutefois une approche proactive de la part des décideurs politiques, des entreprises et des scientifiques. Il est essentiel d'investir dans la recherche afin de détecter et d'atténuer les biais, d'améliorer la transparence des systèmes d'IA et de développer des mesures de sécurité robustes.

Il n'est pas possible d'affirmer clairement que les risques de l'IA augmentent plus rapidement que les opportunités. Les deux se développent rapidement et parallèlement. Il est important que la société prenne au sérieux à la fois les opportunités et les risques et prenne des mesures ciblées pour maximiser les avantages de l'IA tout en minimisant les risques. Grâce à une innovation responsable, une réglementation complète et des considérations éthiques, il est possible de trouver un équilibre qui permette d'exploiter les avantages de l'IA tout en limitant ses dangers potentiels.